Un libro per chi non vuole tenere i piedi per terra, ma anzi desidera volare verso le alte vette: Hannibal dosa sapientemente il suo bianco e nero per rendere le fotografie di questo libro imponenti, trasmettendo scatto dopo scatto la grandezza della natura. Buona lettura e ricordatevi di tornare a terra una volta finito il libro...

Fabio Rancati

A book for those who do not want to keep their feet on the ground, but rather want to fly to the high peaks: Hannibal skilfully doses his black and white to make the photographs of this book impressive, transmitting snap after shot the greatness of nature. Good reading and remember to go back to the ground once the book is finished ...

Fabio Rancati

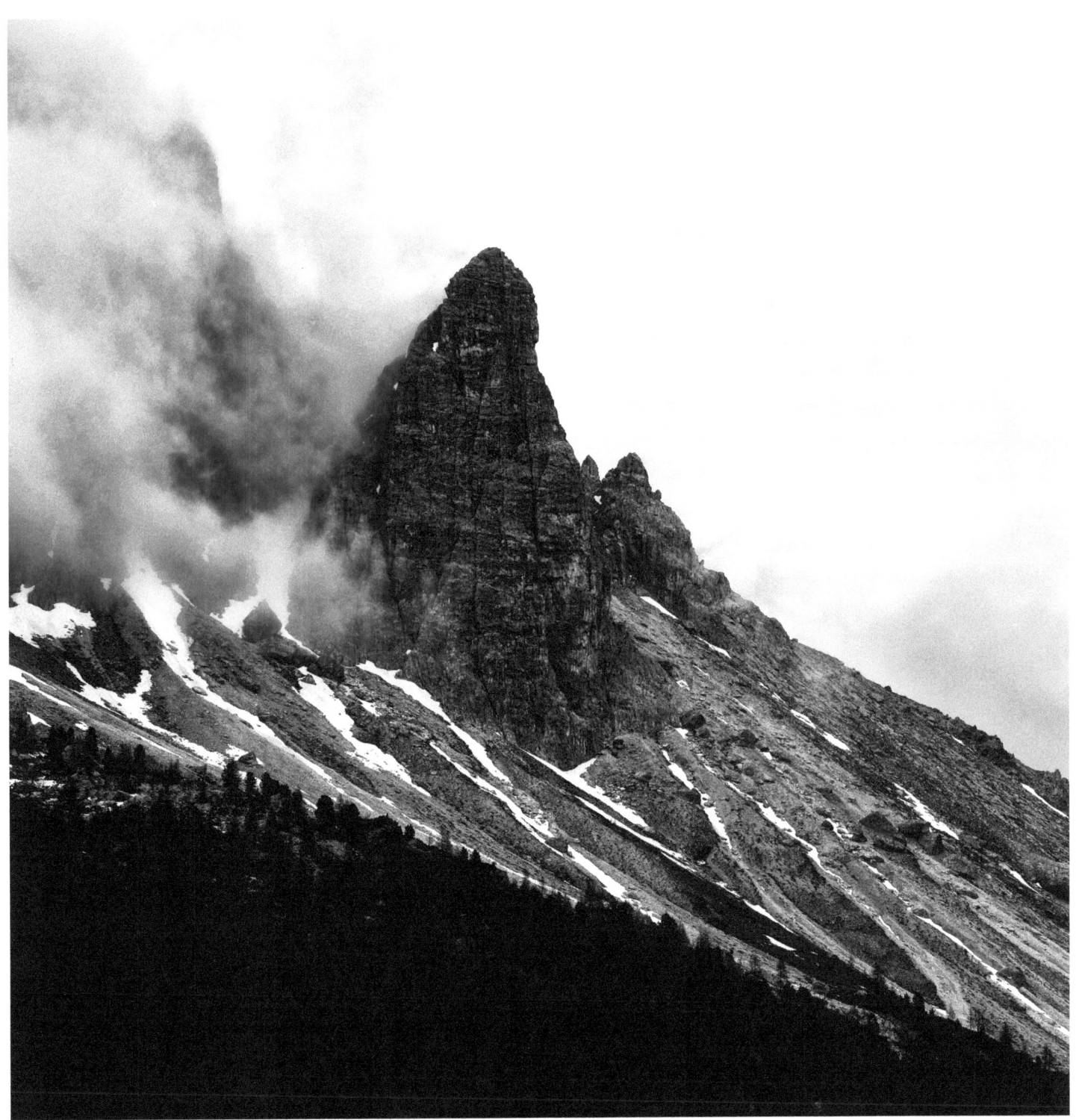

Cadini di Misurina

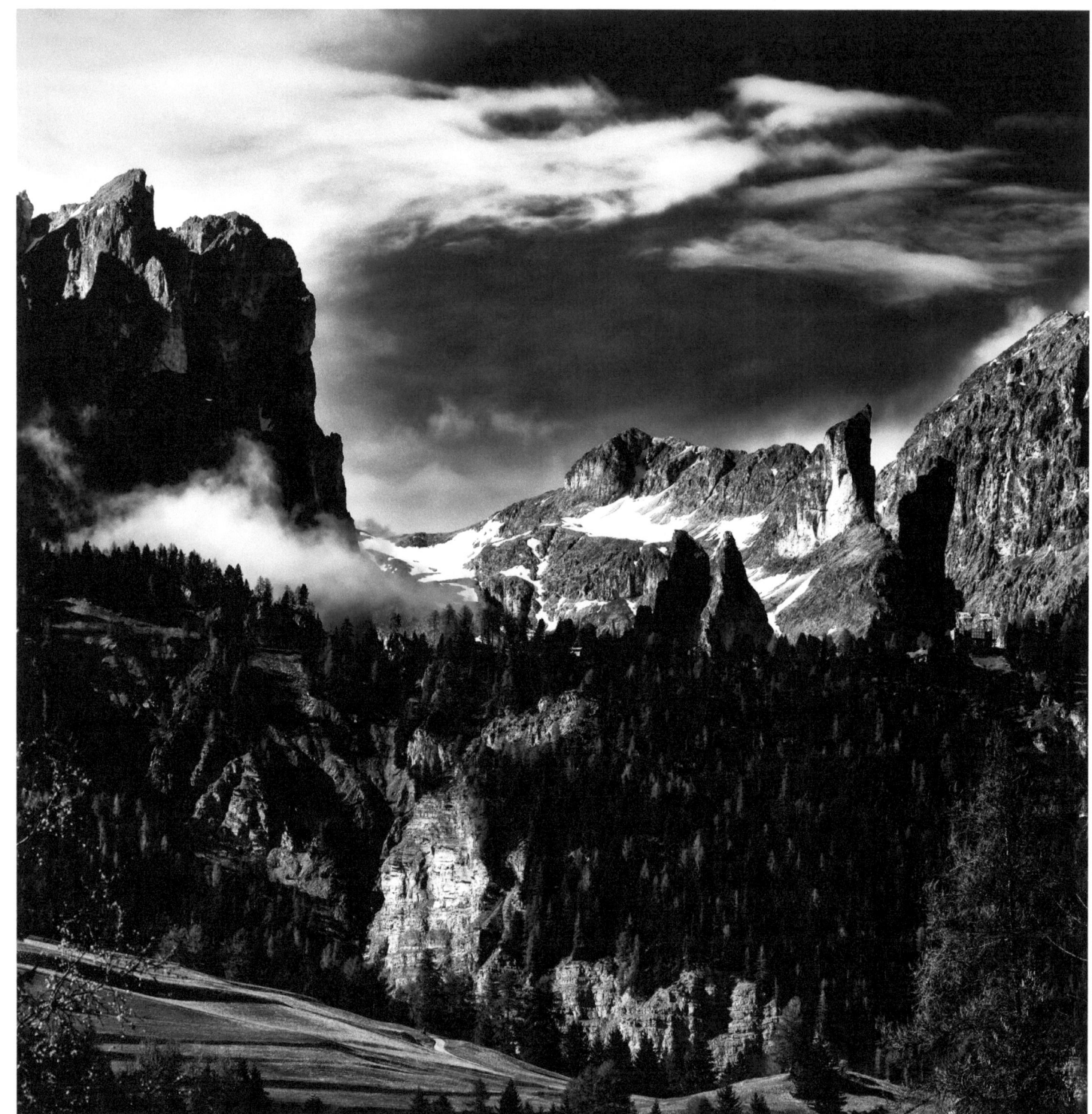

Catinaccio

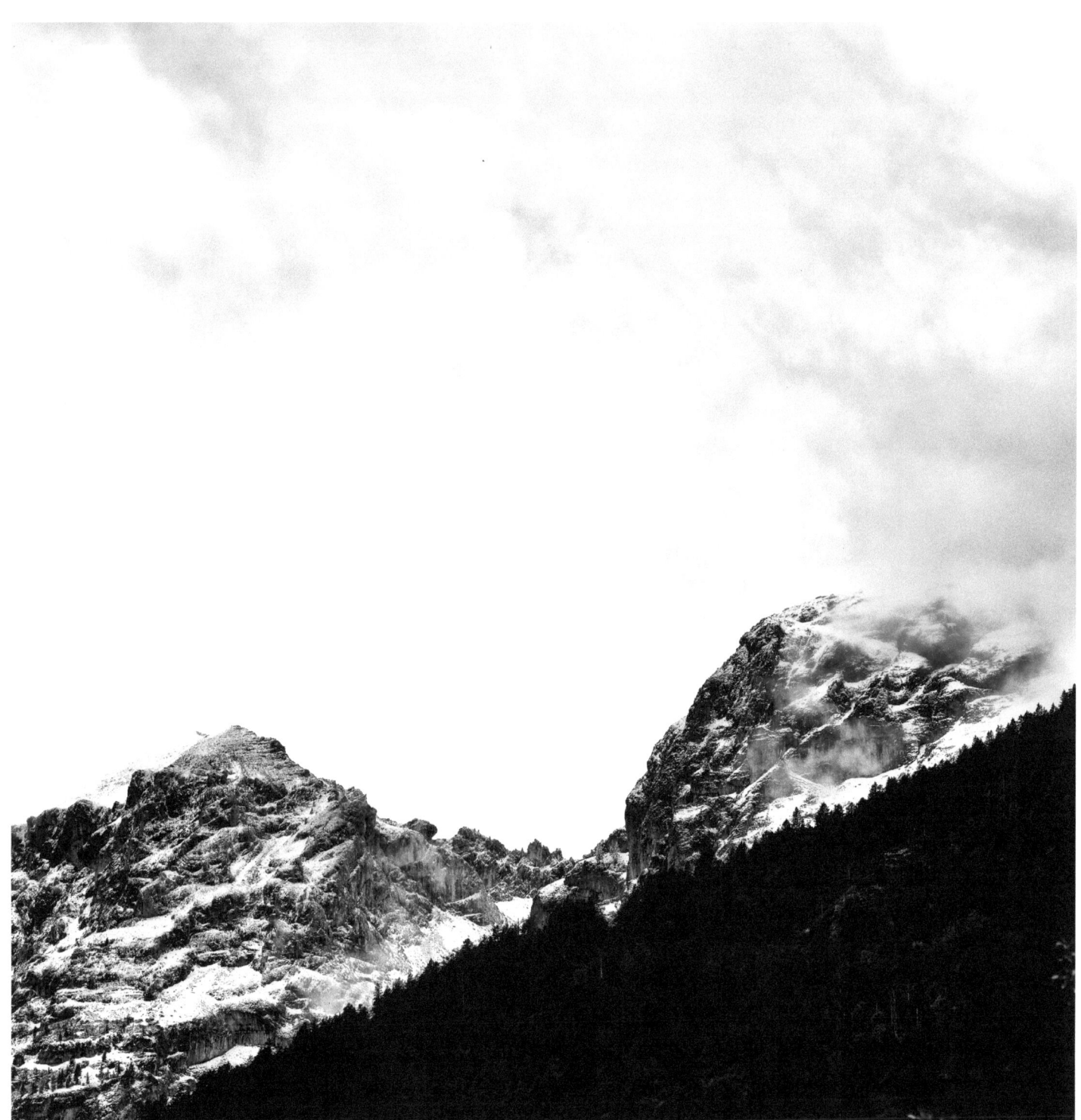

Cima Tosa

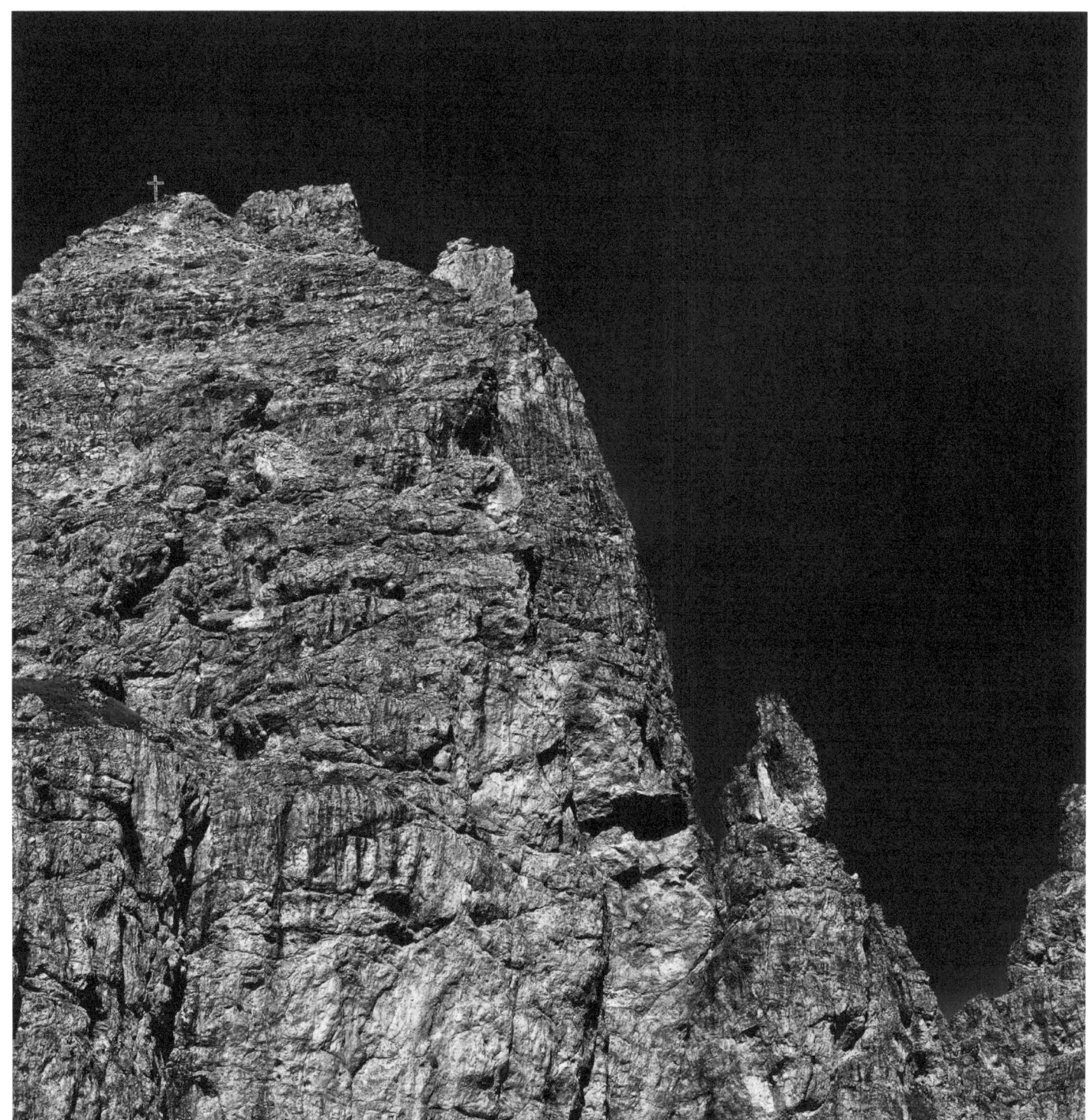

Cirspitzen

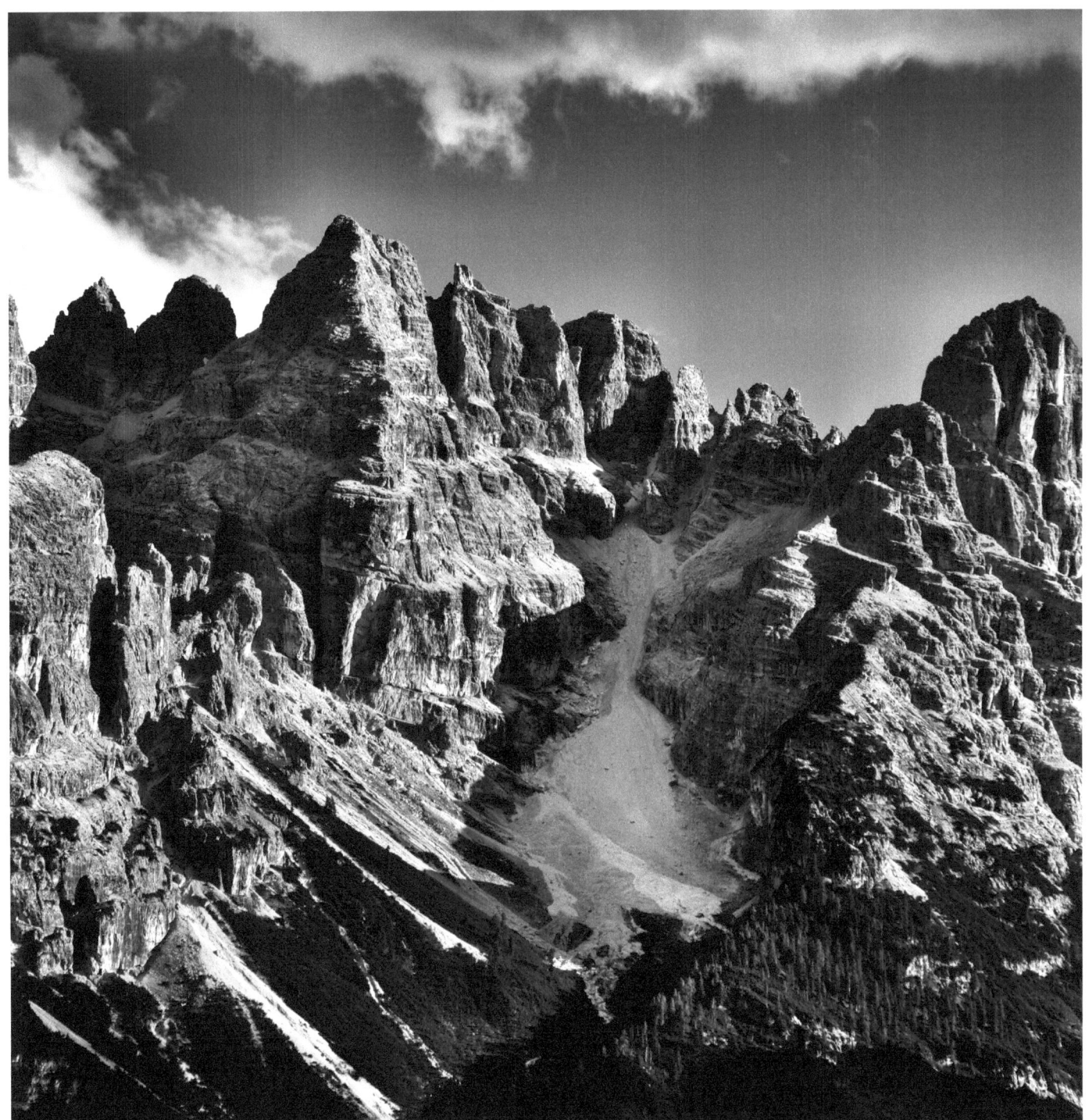

Cristallo

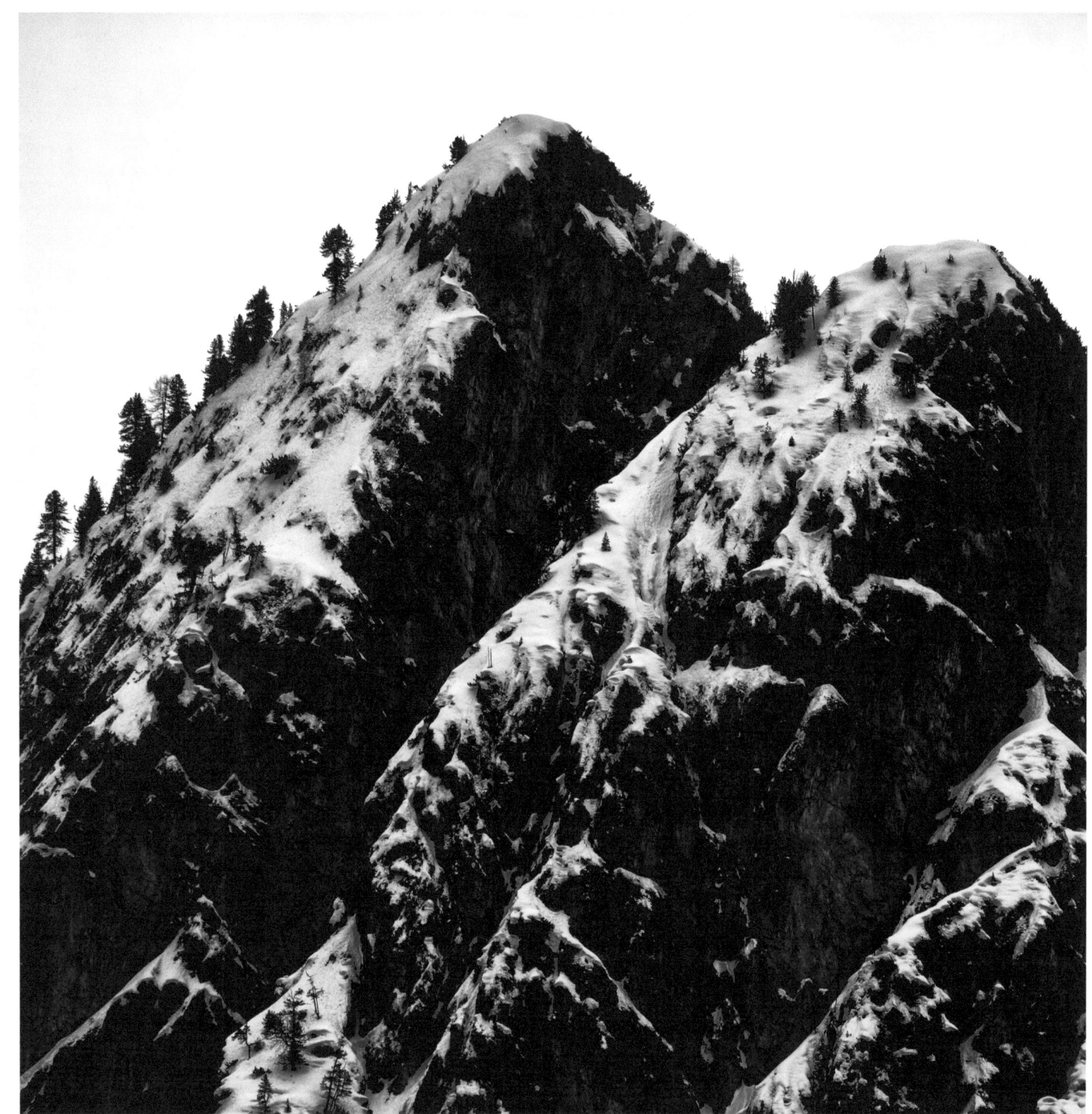
Croda Bagnata

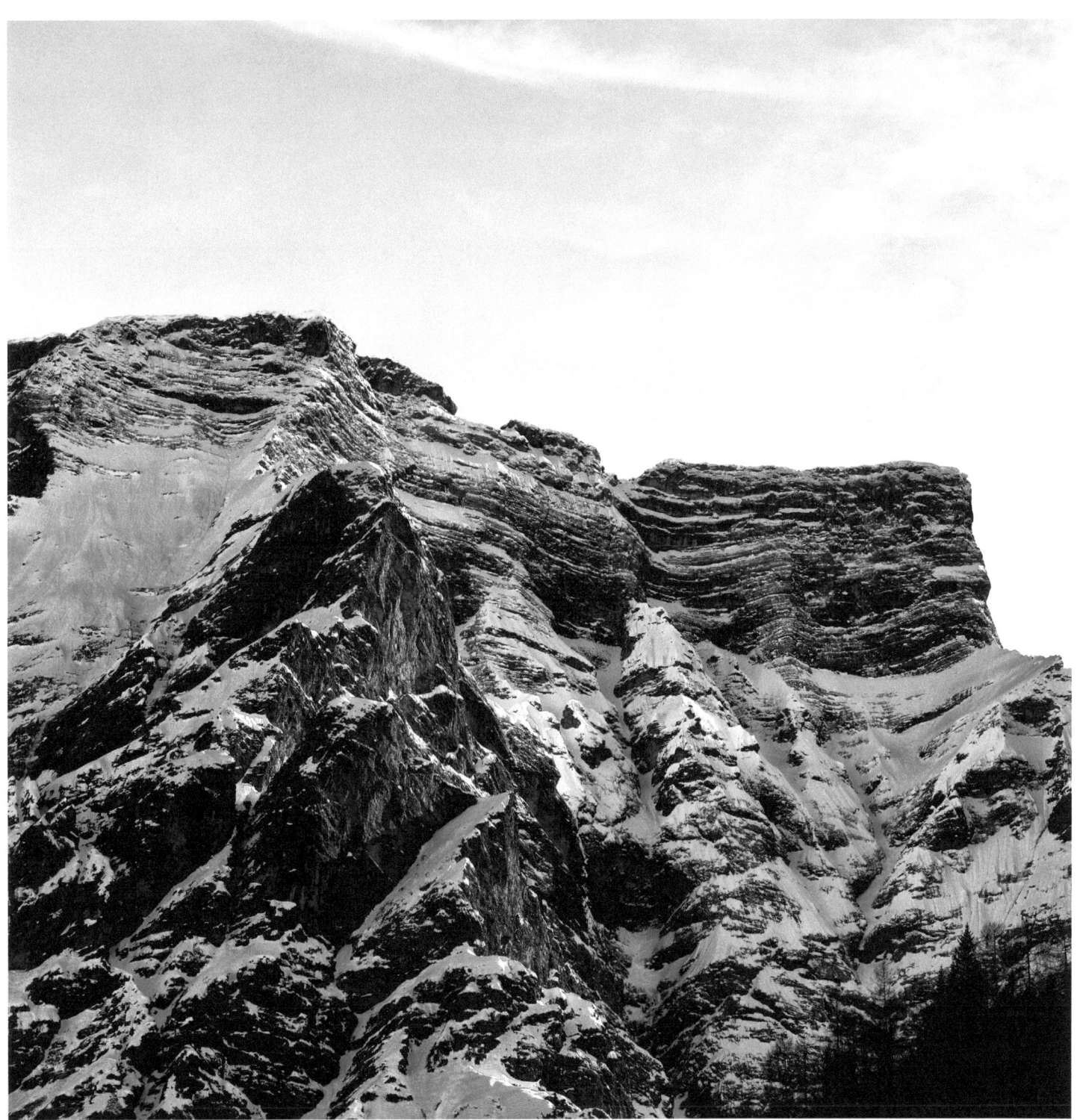

Croda del Becco

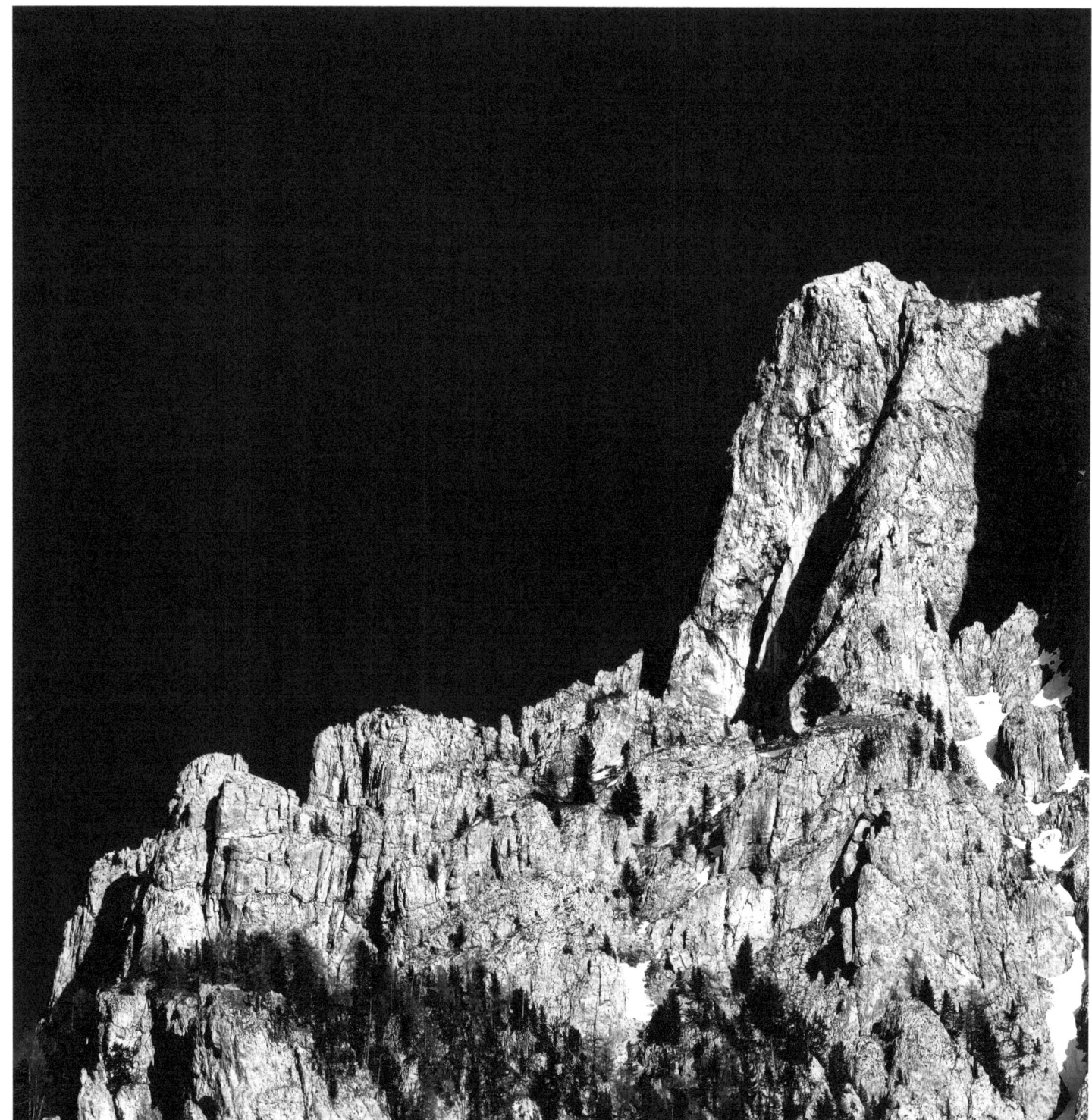

Latemar

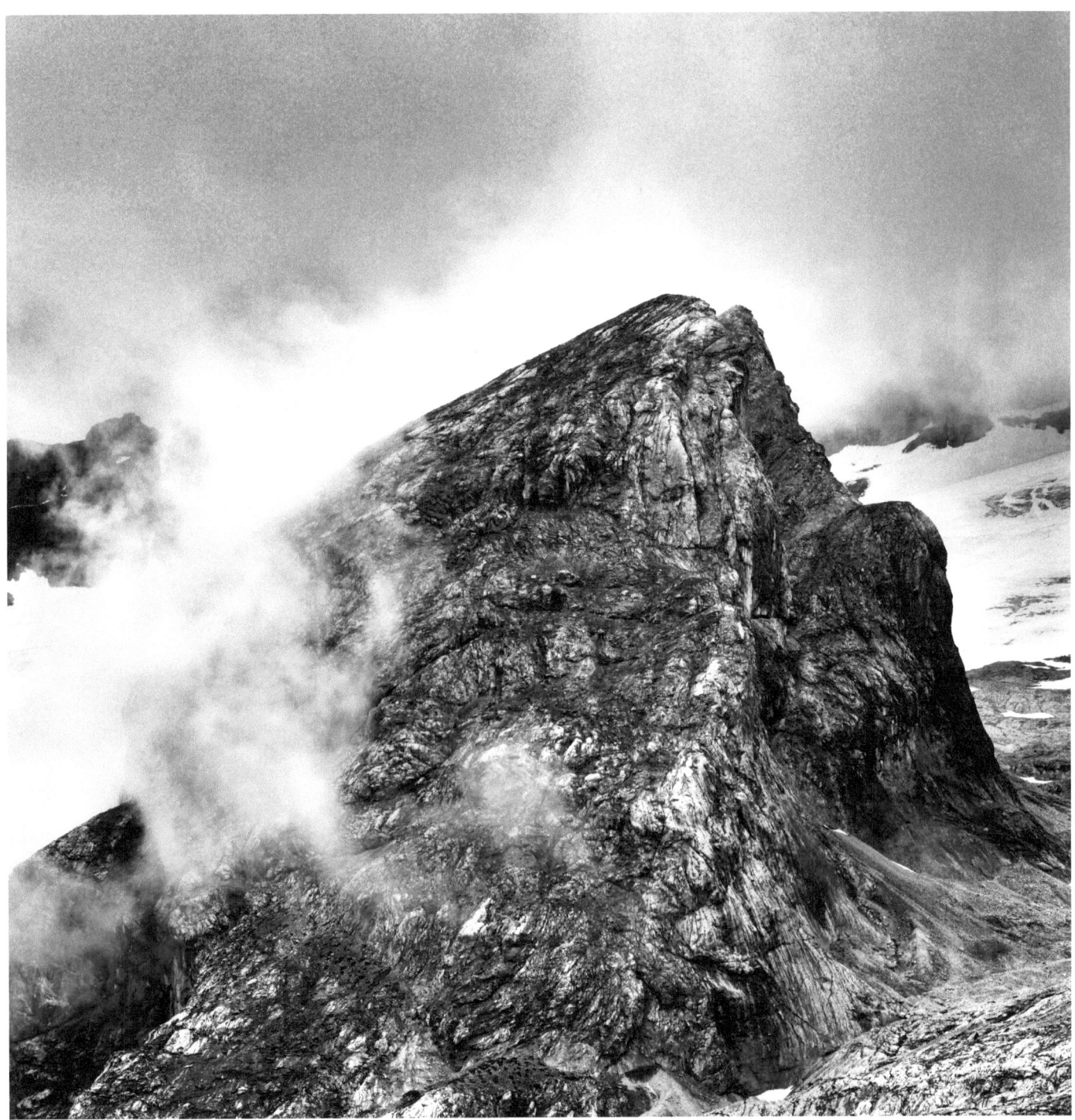

Marmolada

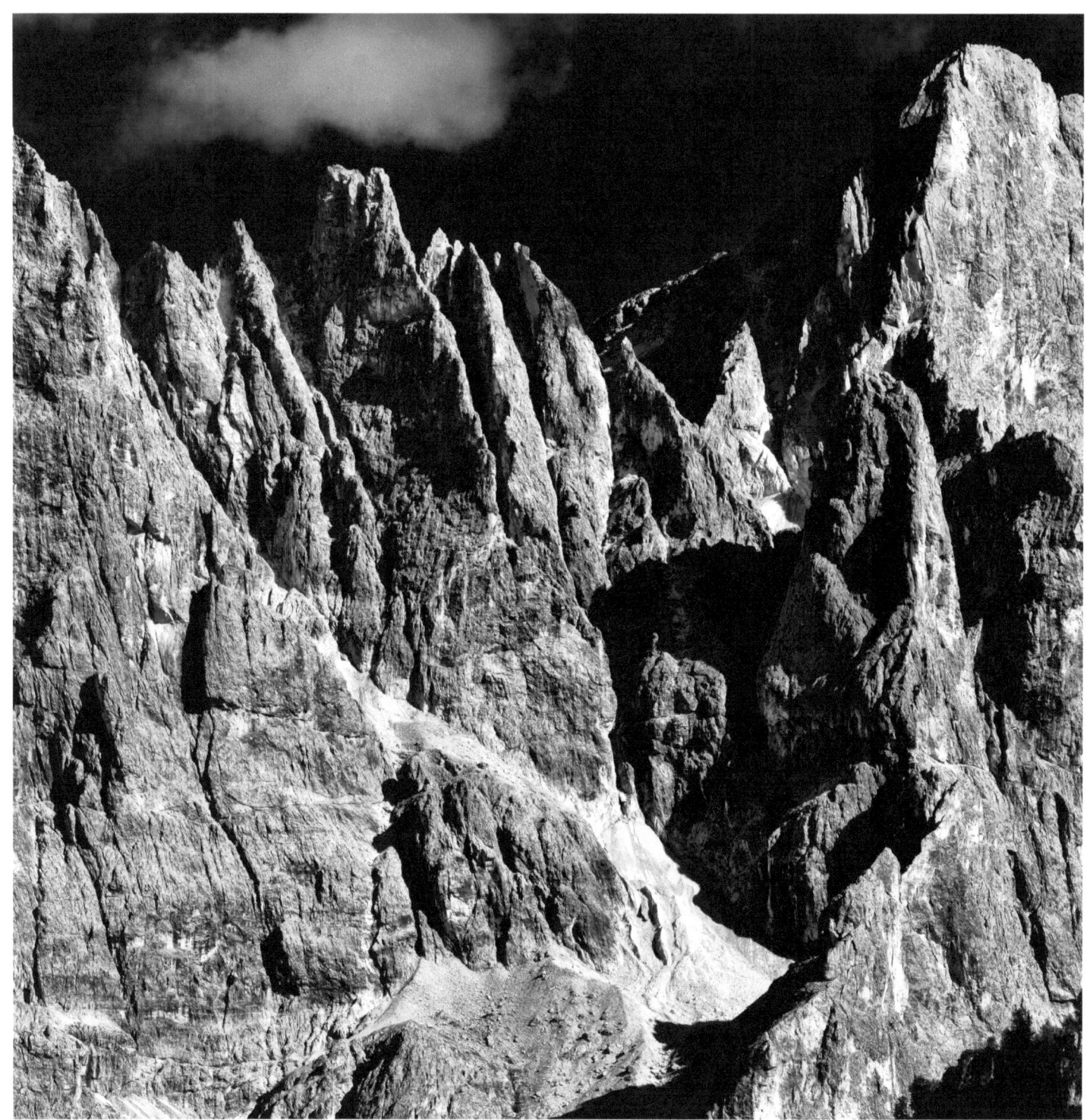

Pale di San Martino

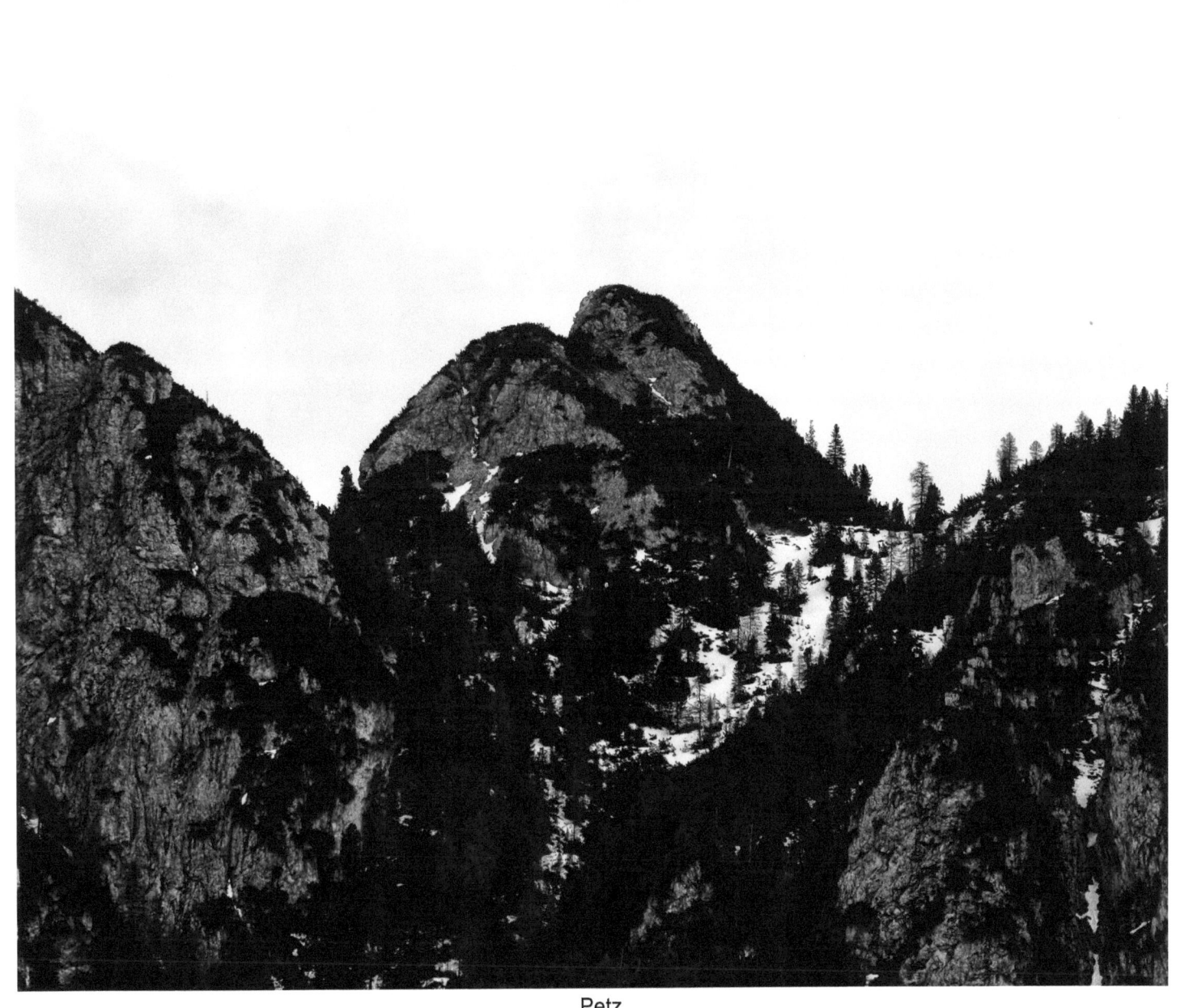

Petz

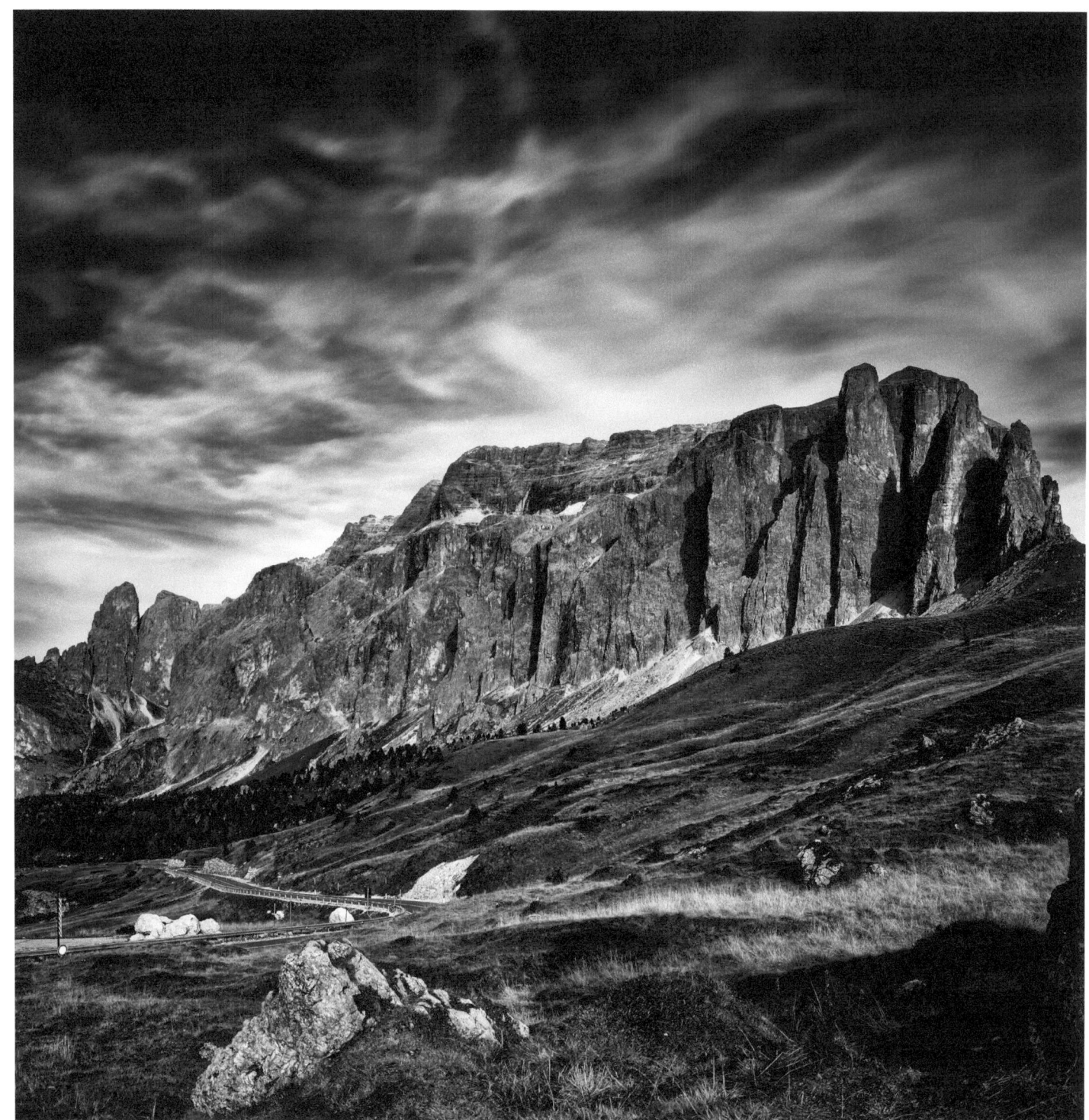

Piz Boè

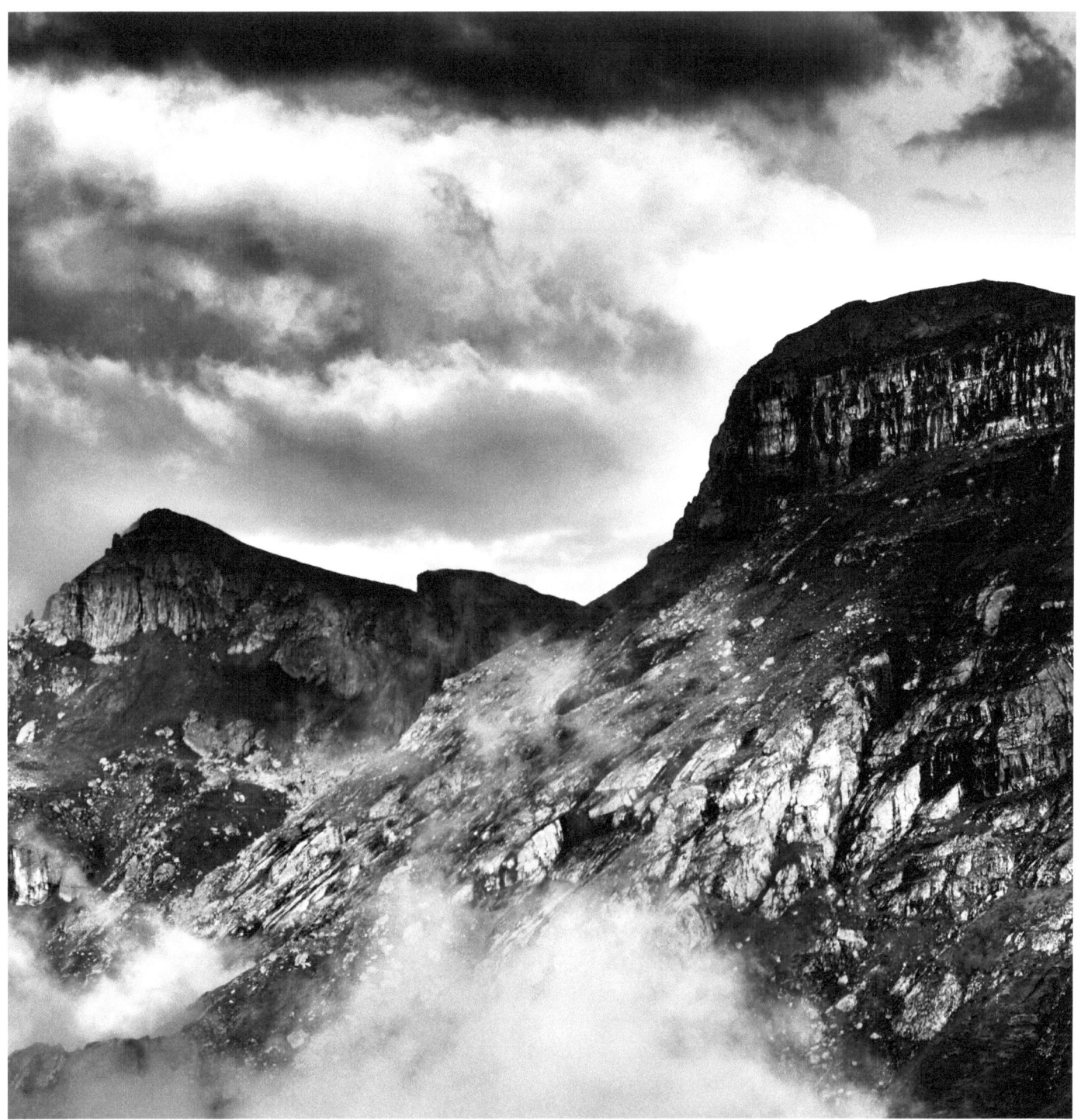

Pordoi

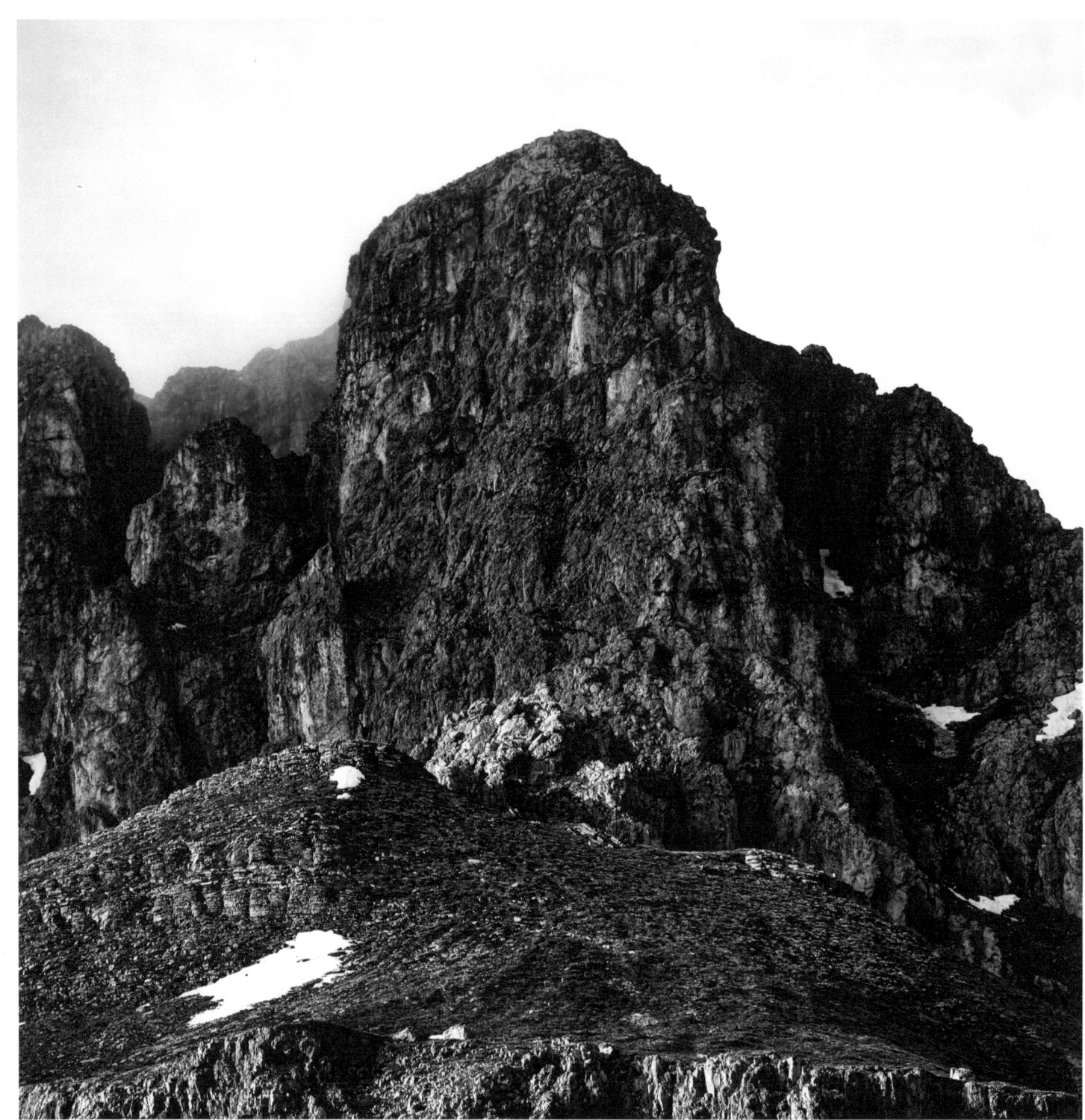

Roda di Vael

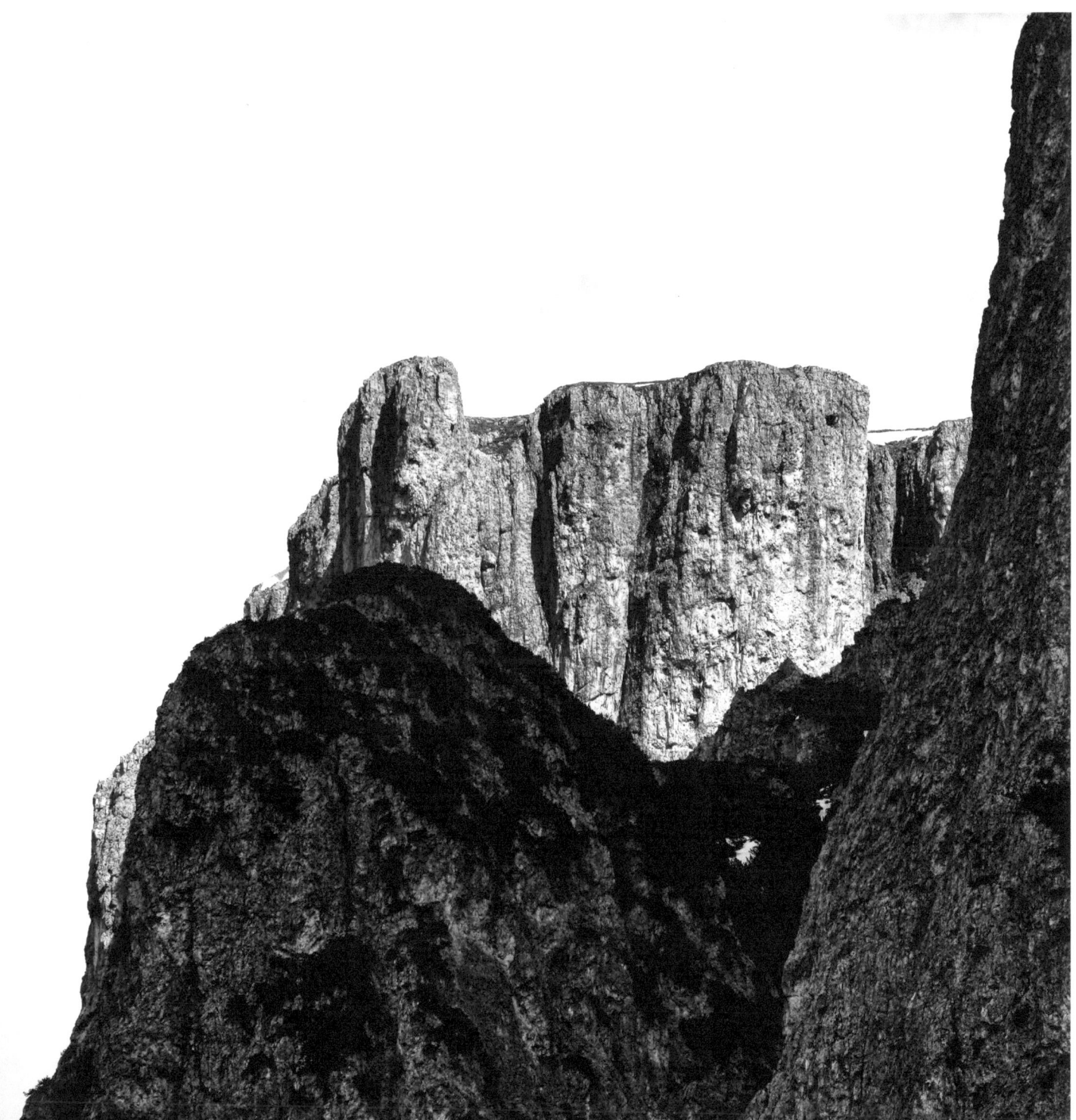

Sciliar

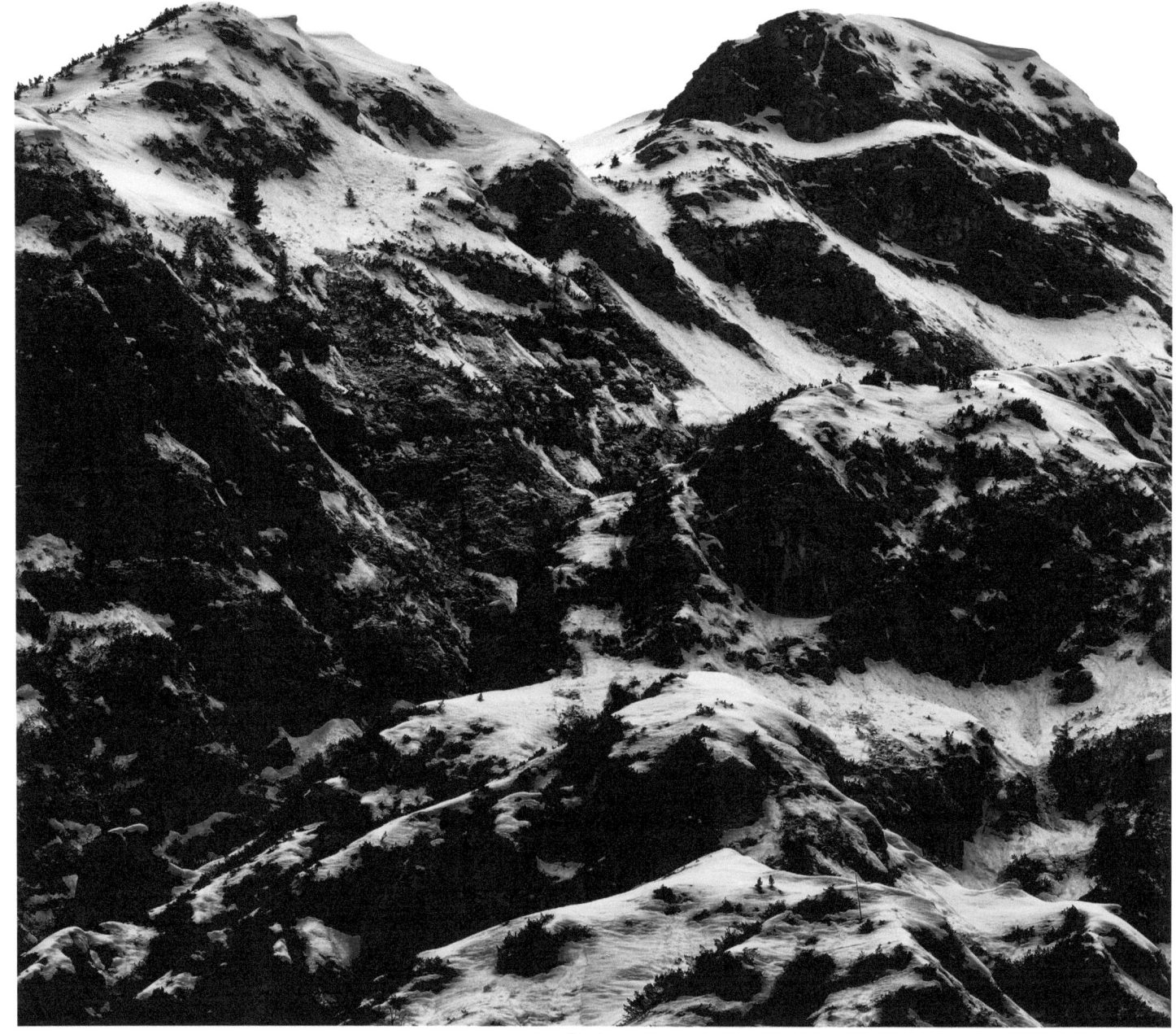

Serla

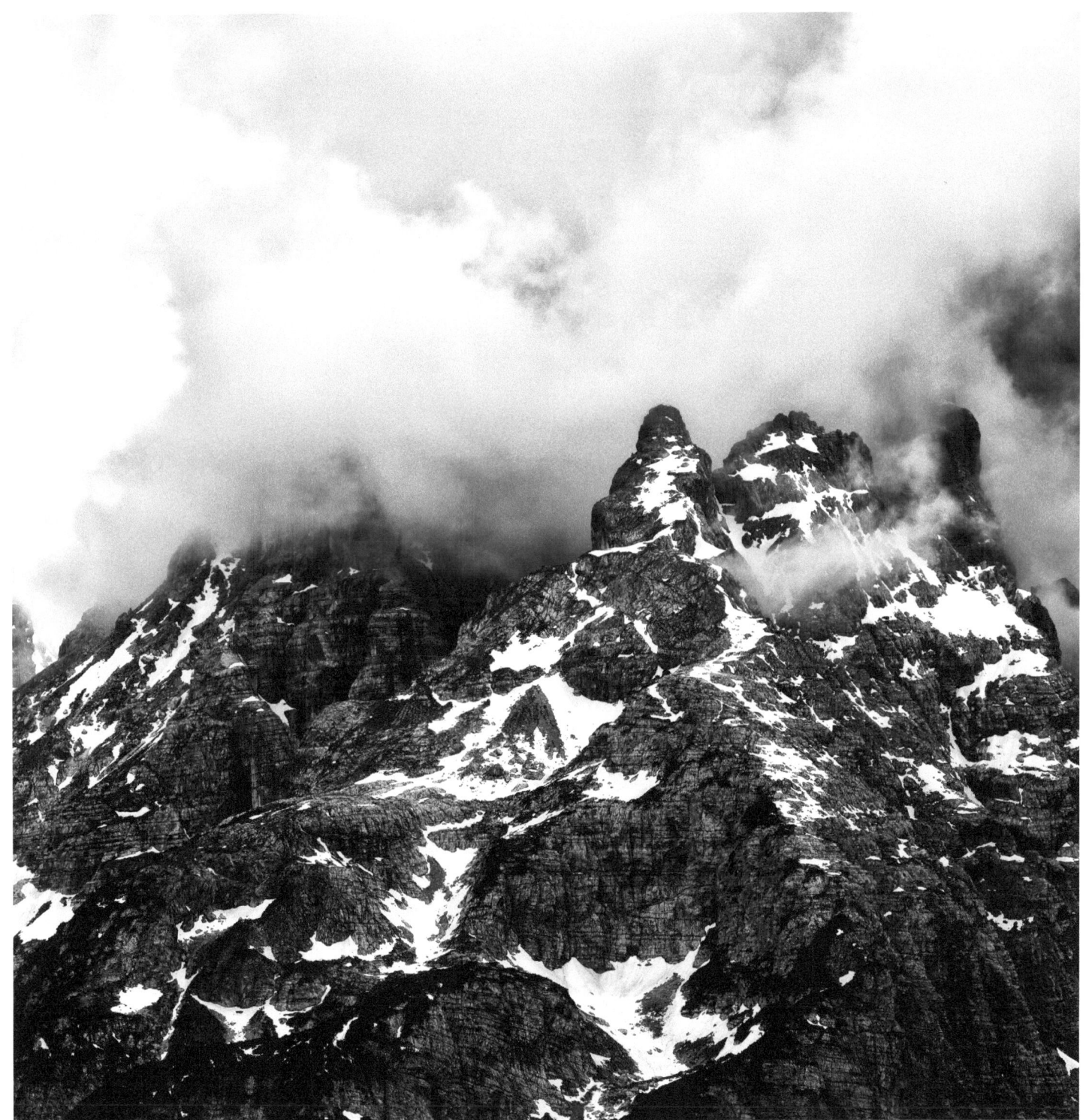

Sorapiss

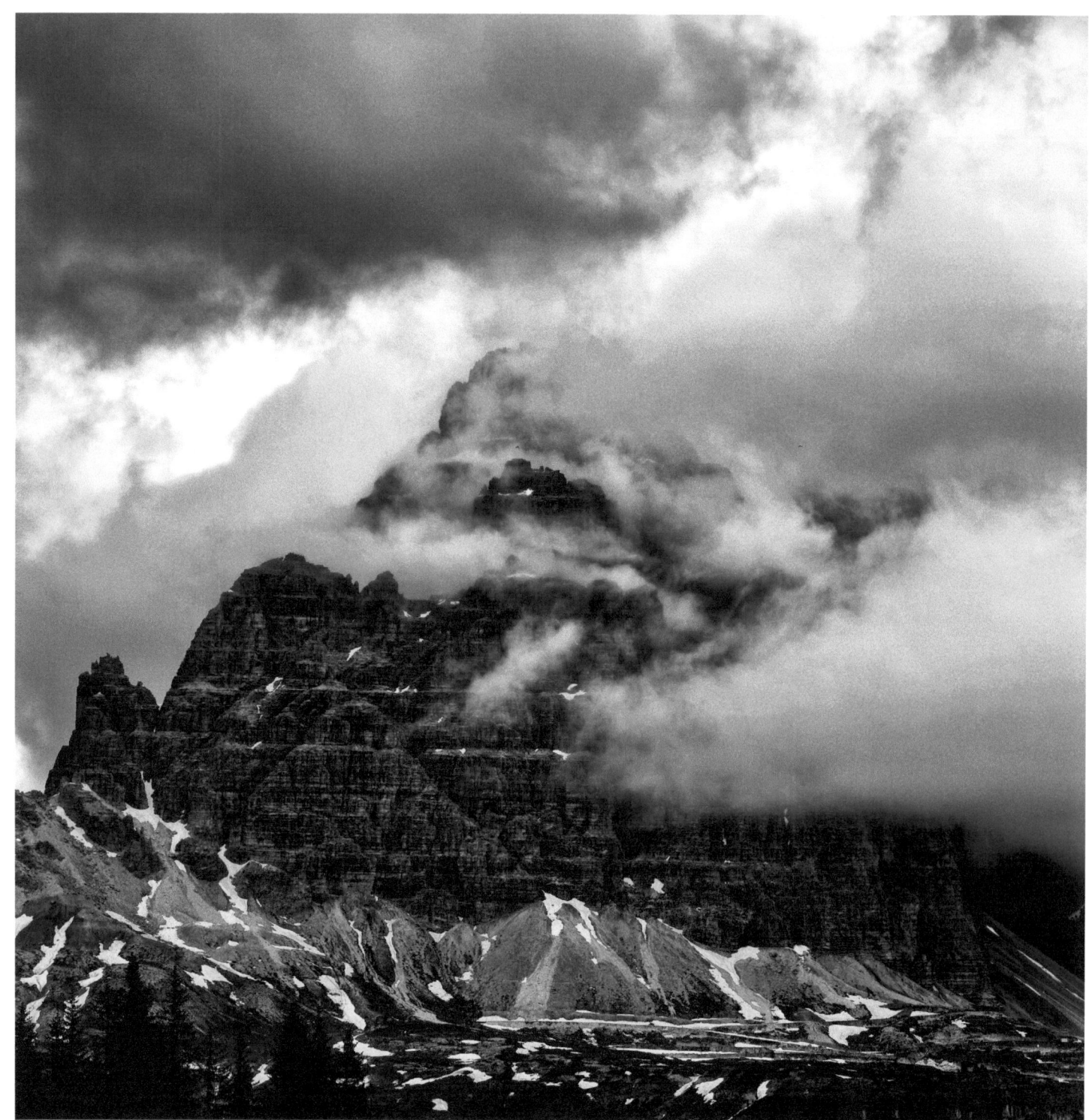
Drei Zinnen

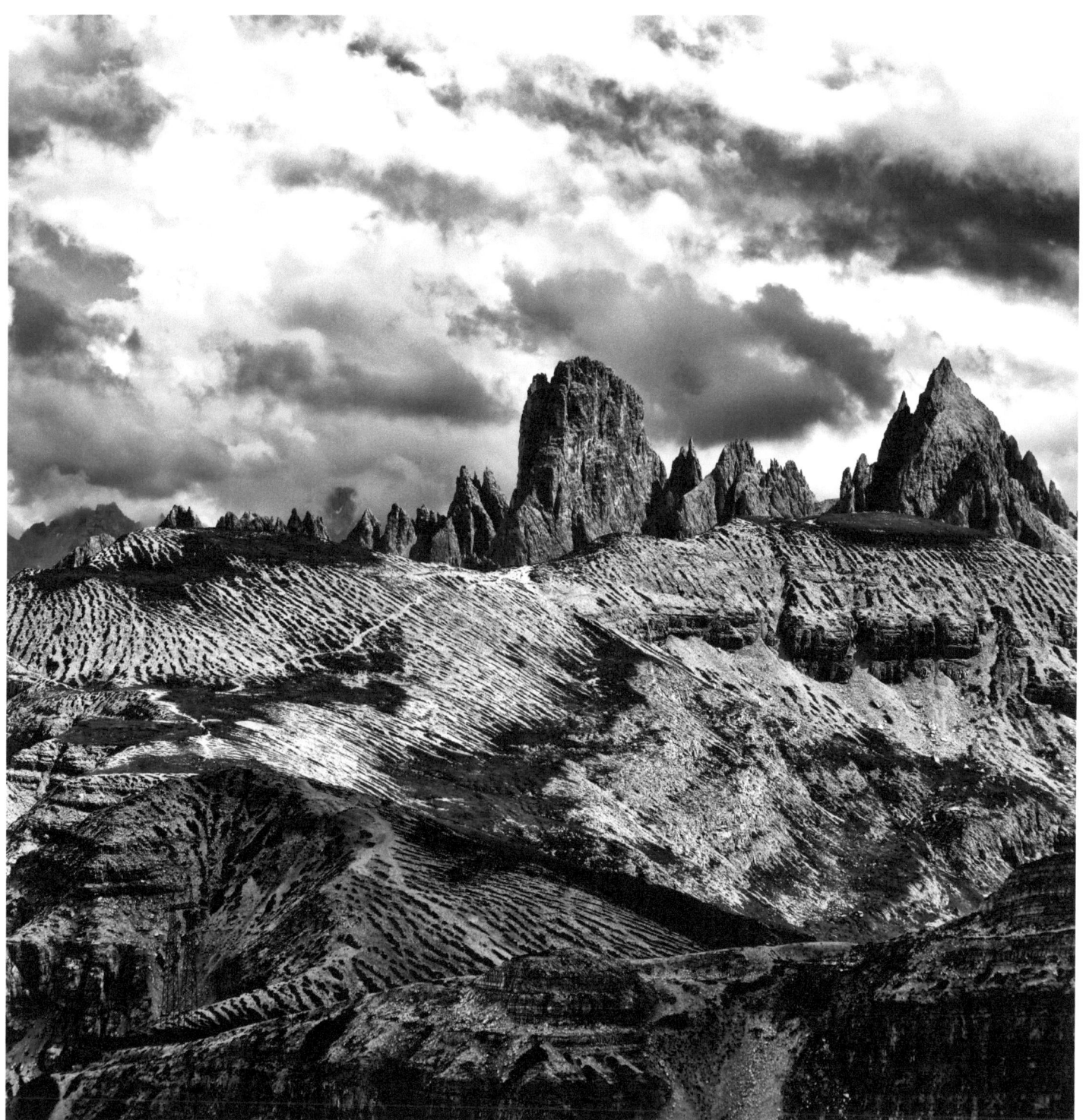

Cadini di Misurina

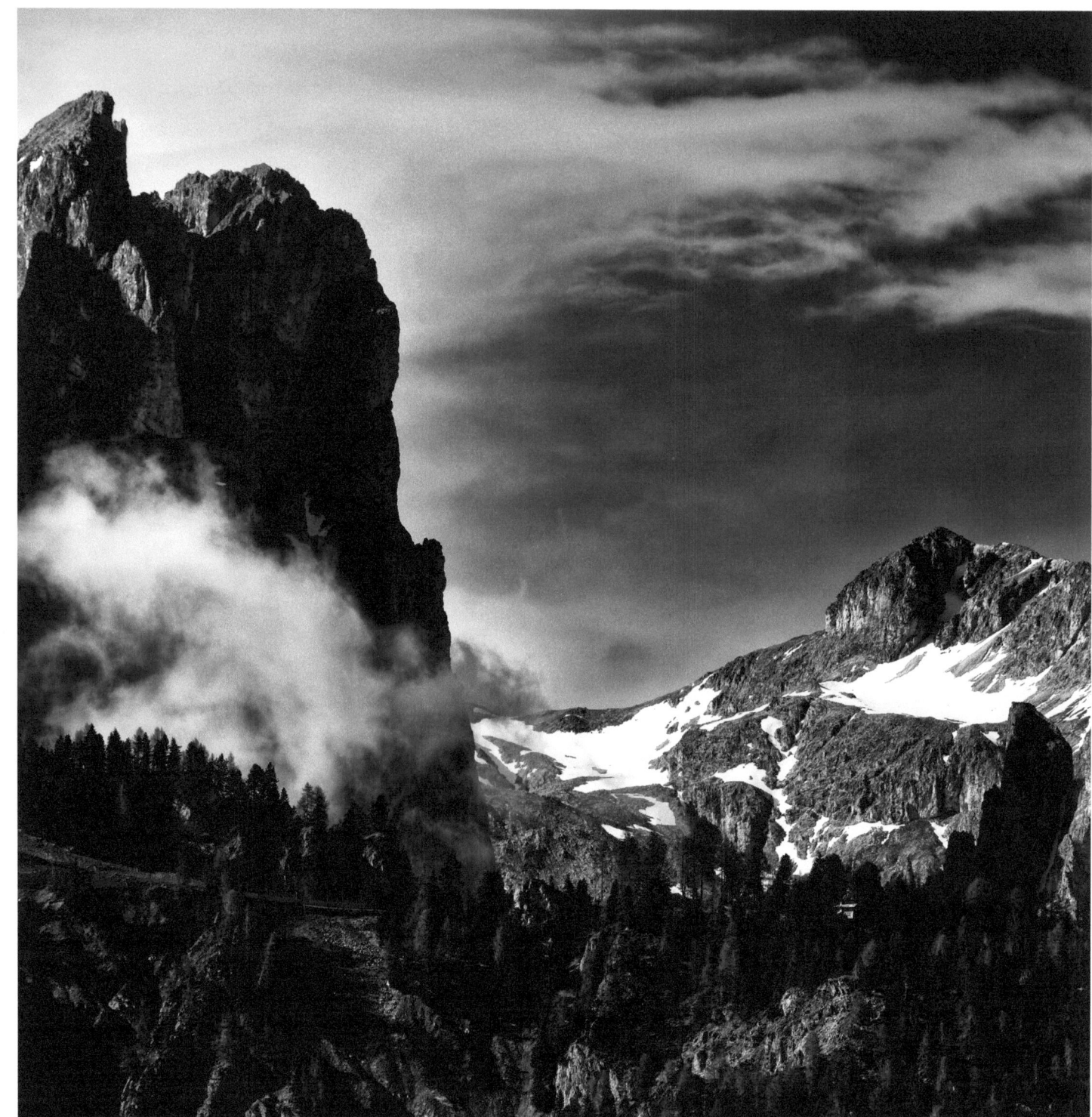

Catinaccio

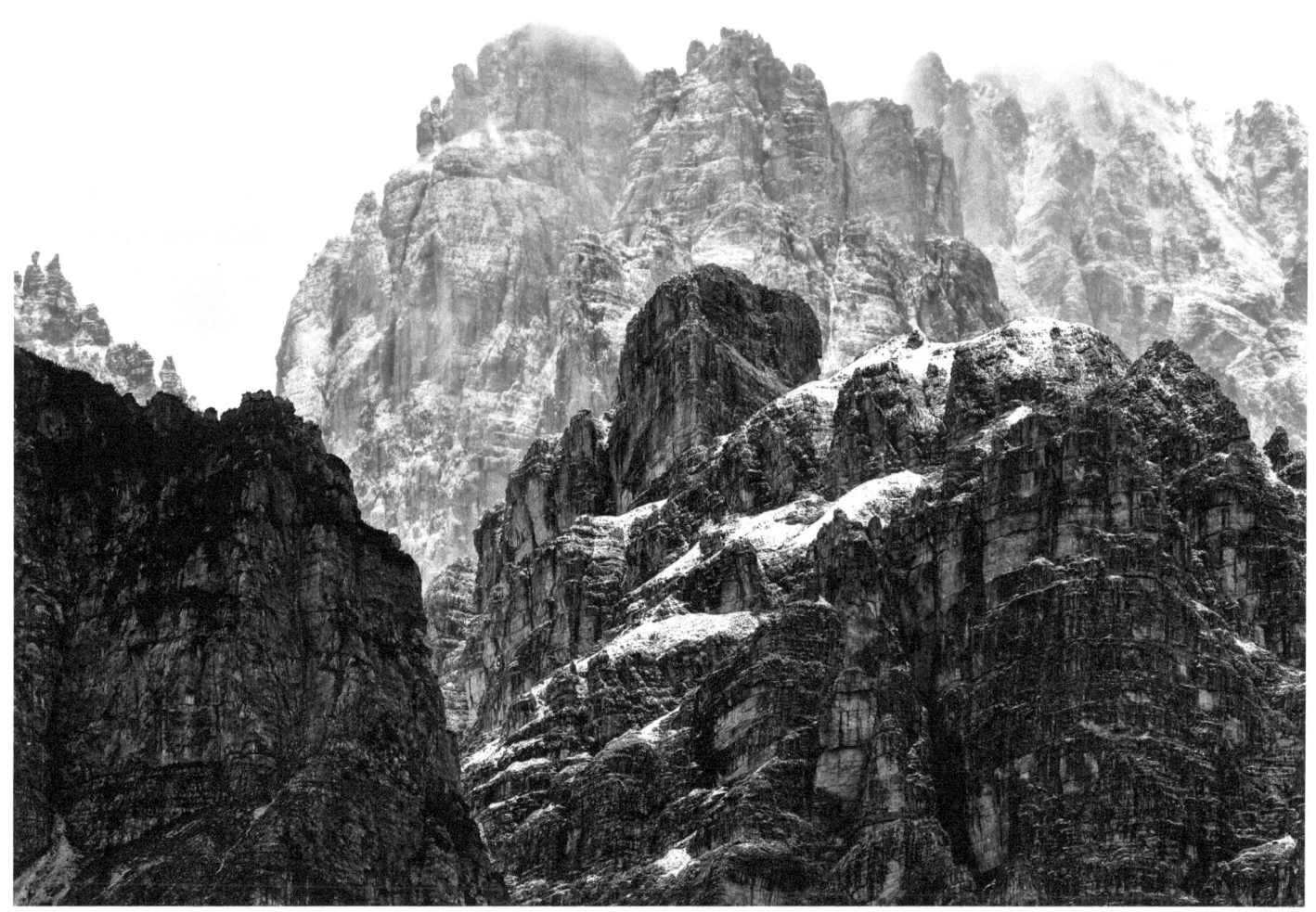

Cima Tosa

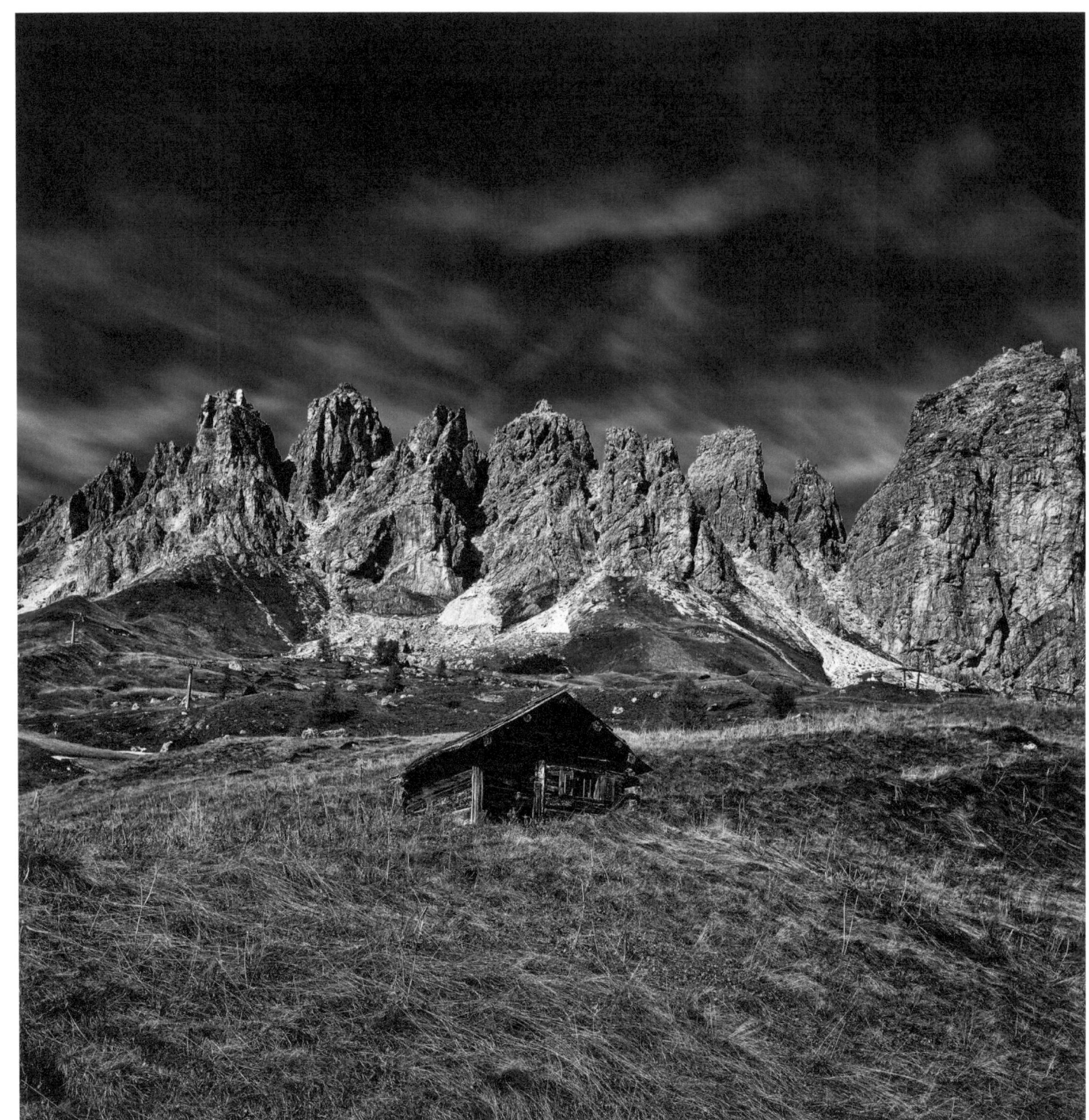

Cirspitzen

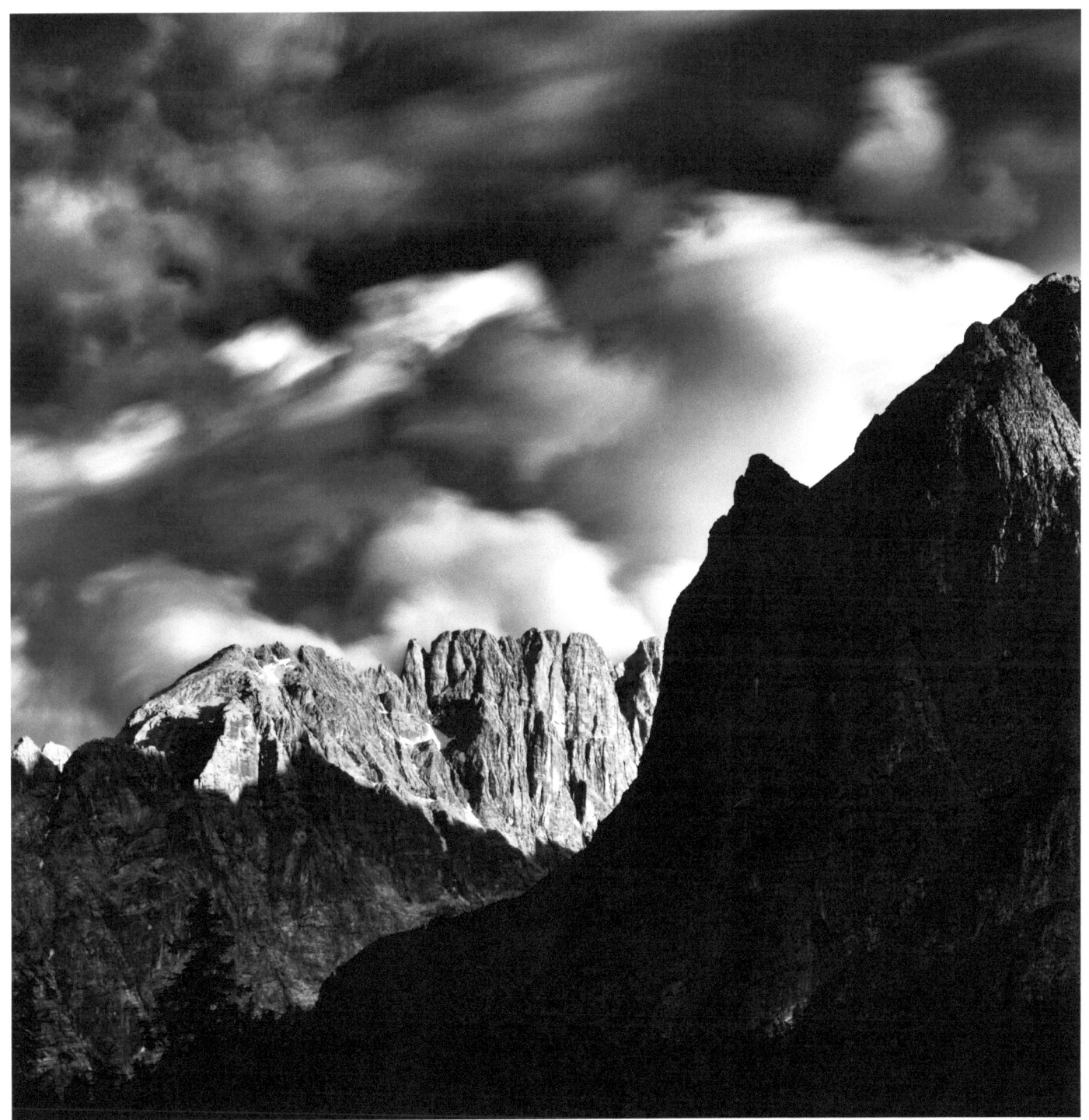

Cristallo

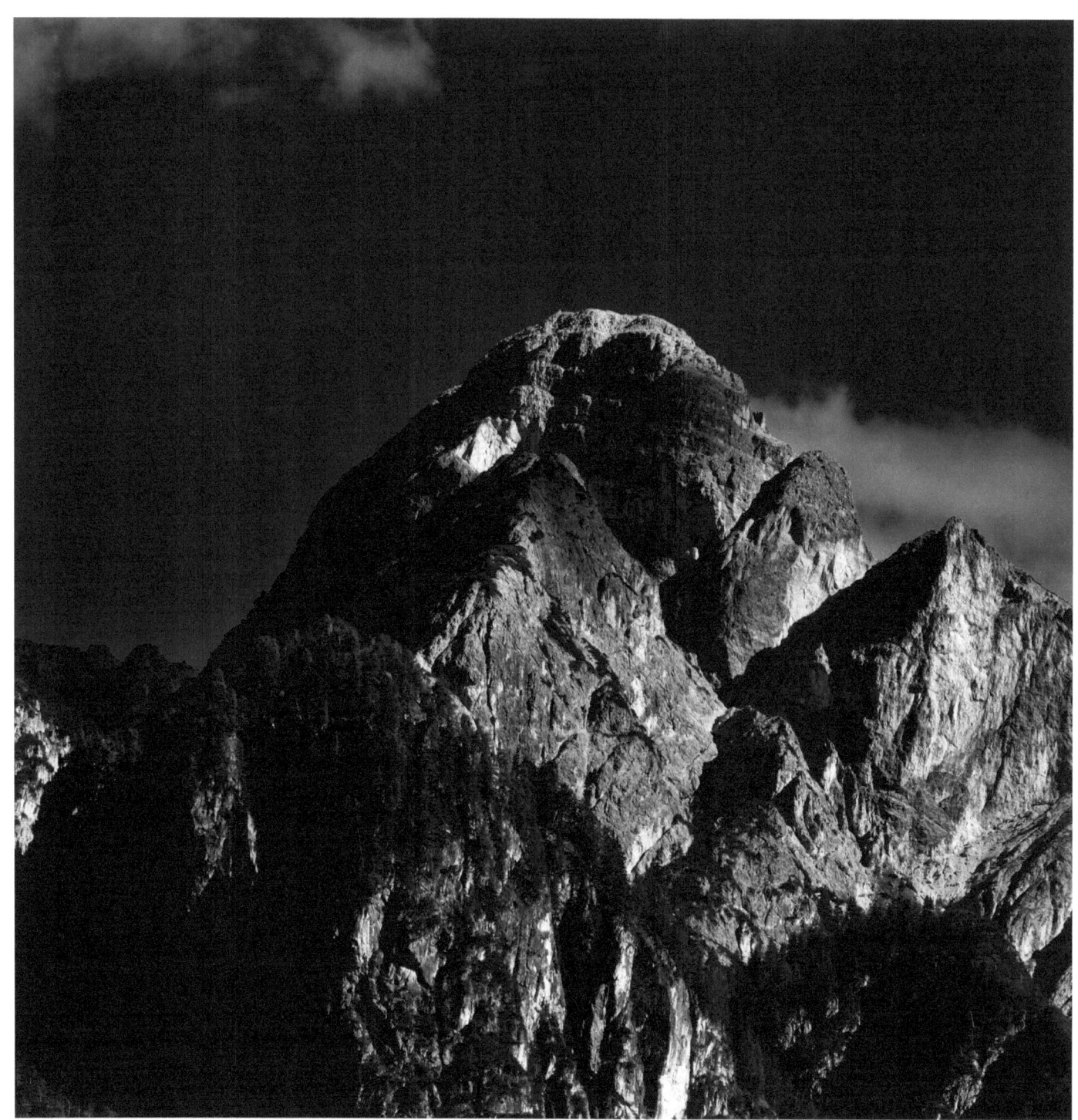

Croda Bagnata

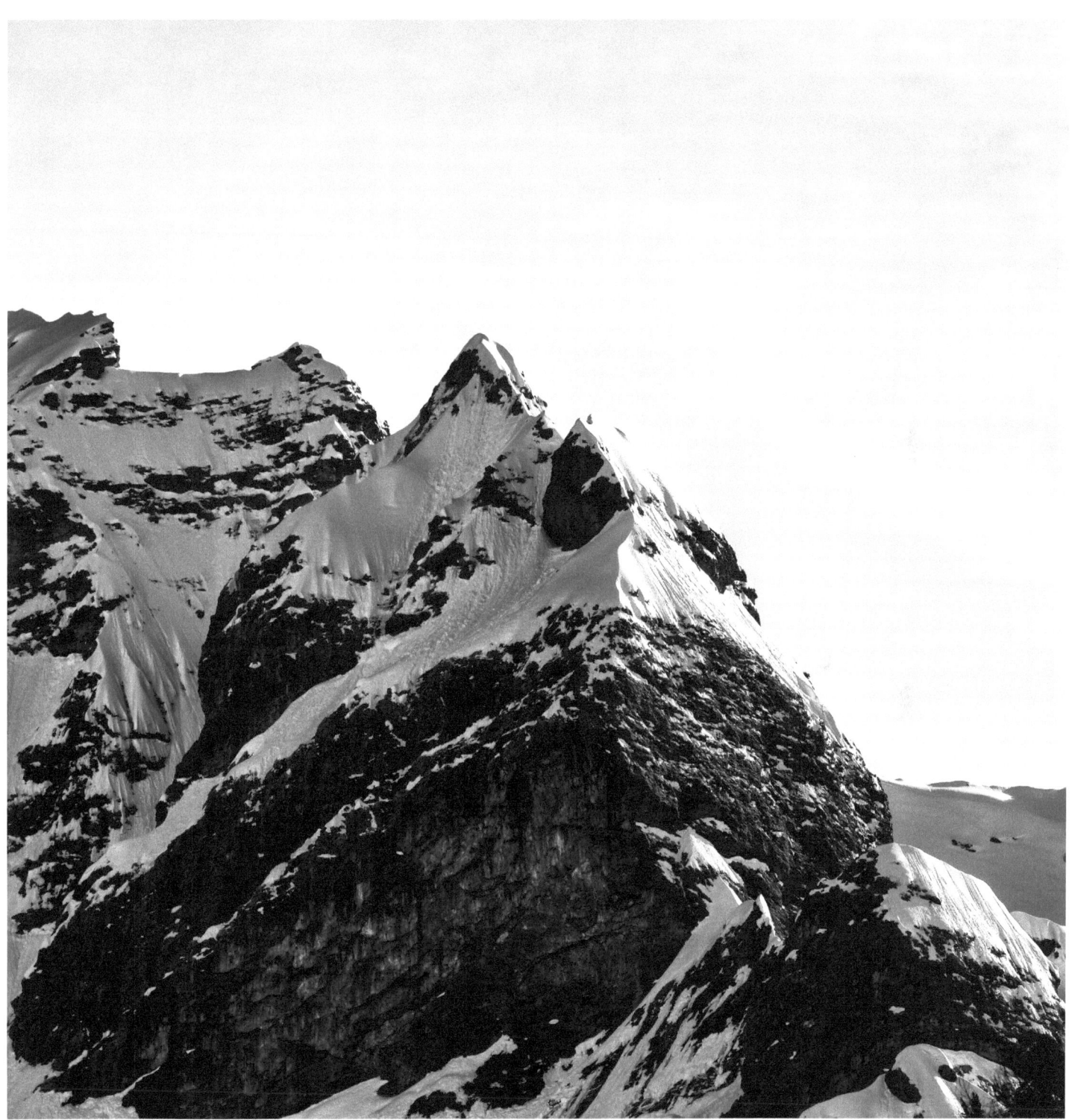

Croda del Becco

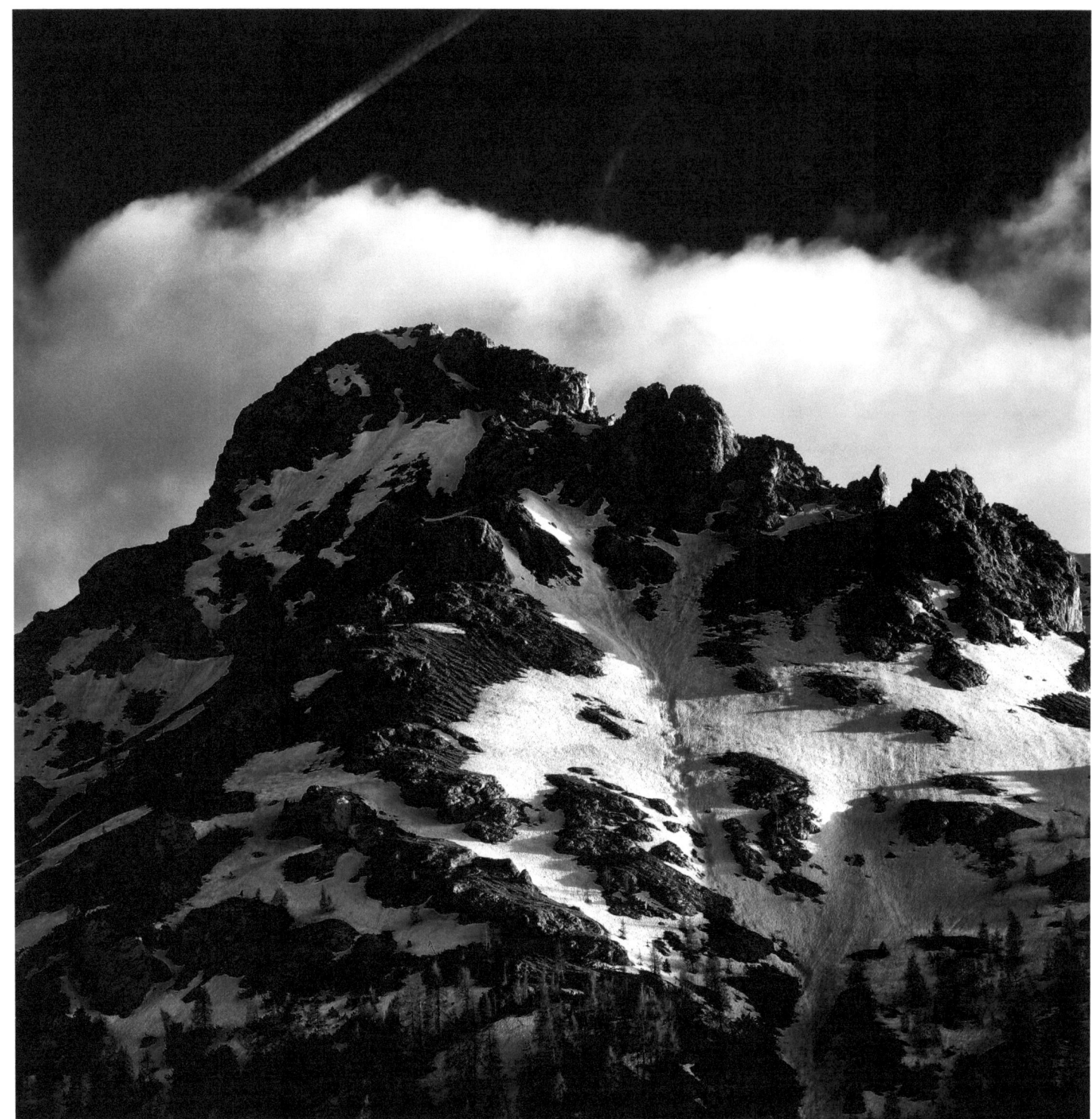

Latemar

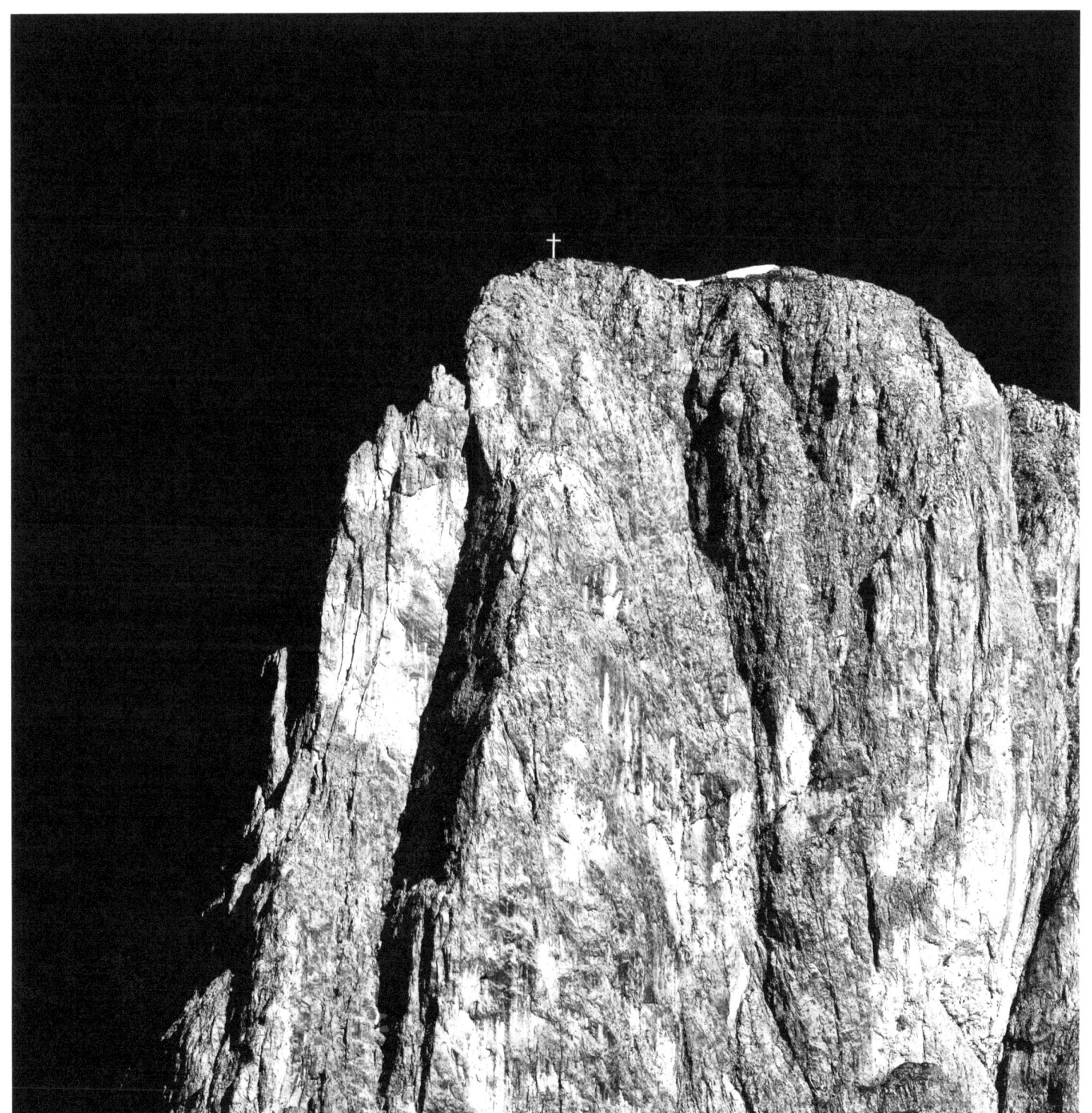

Marmolada

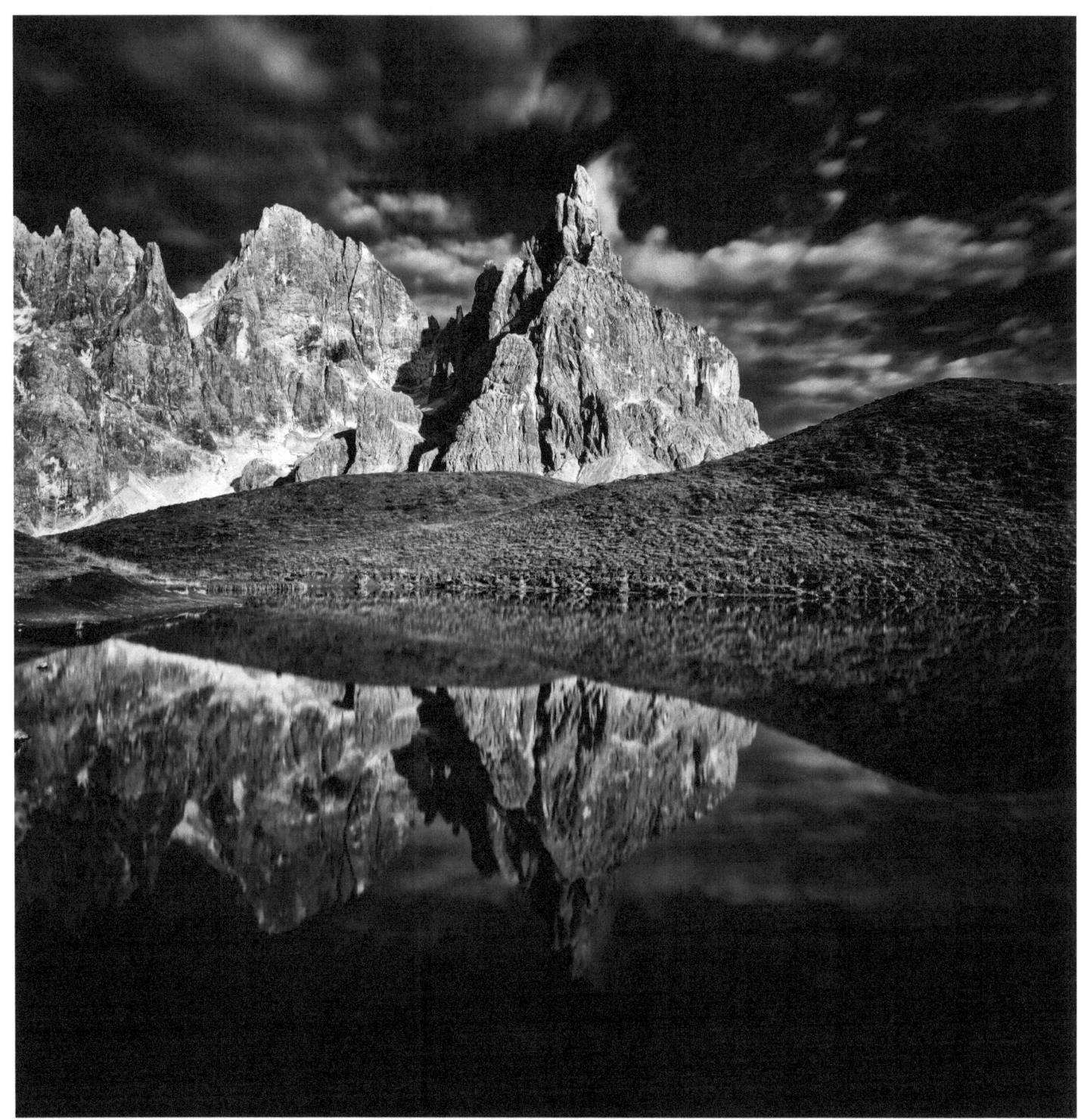

Pale di San Martino

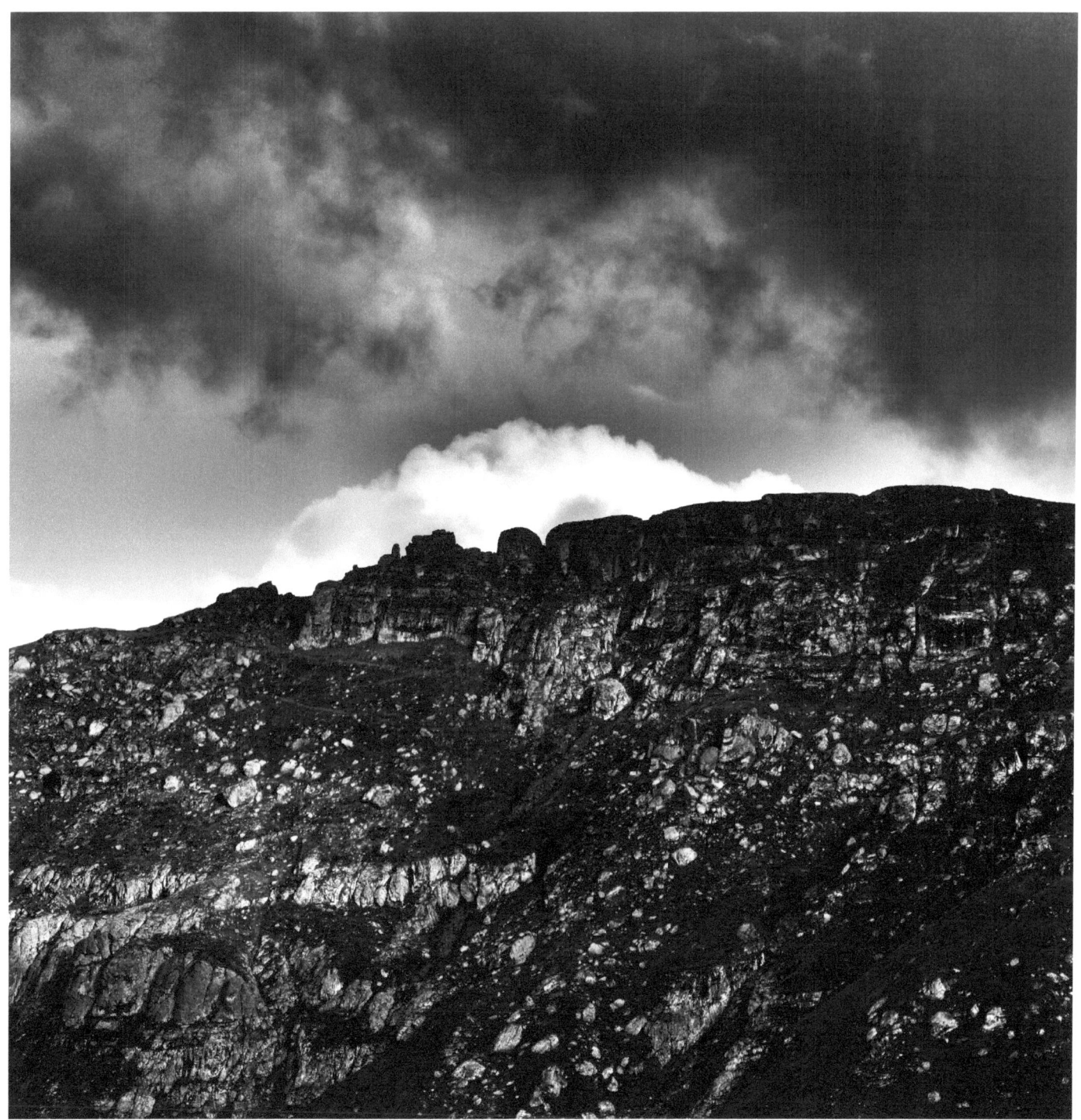

Pordoi

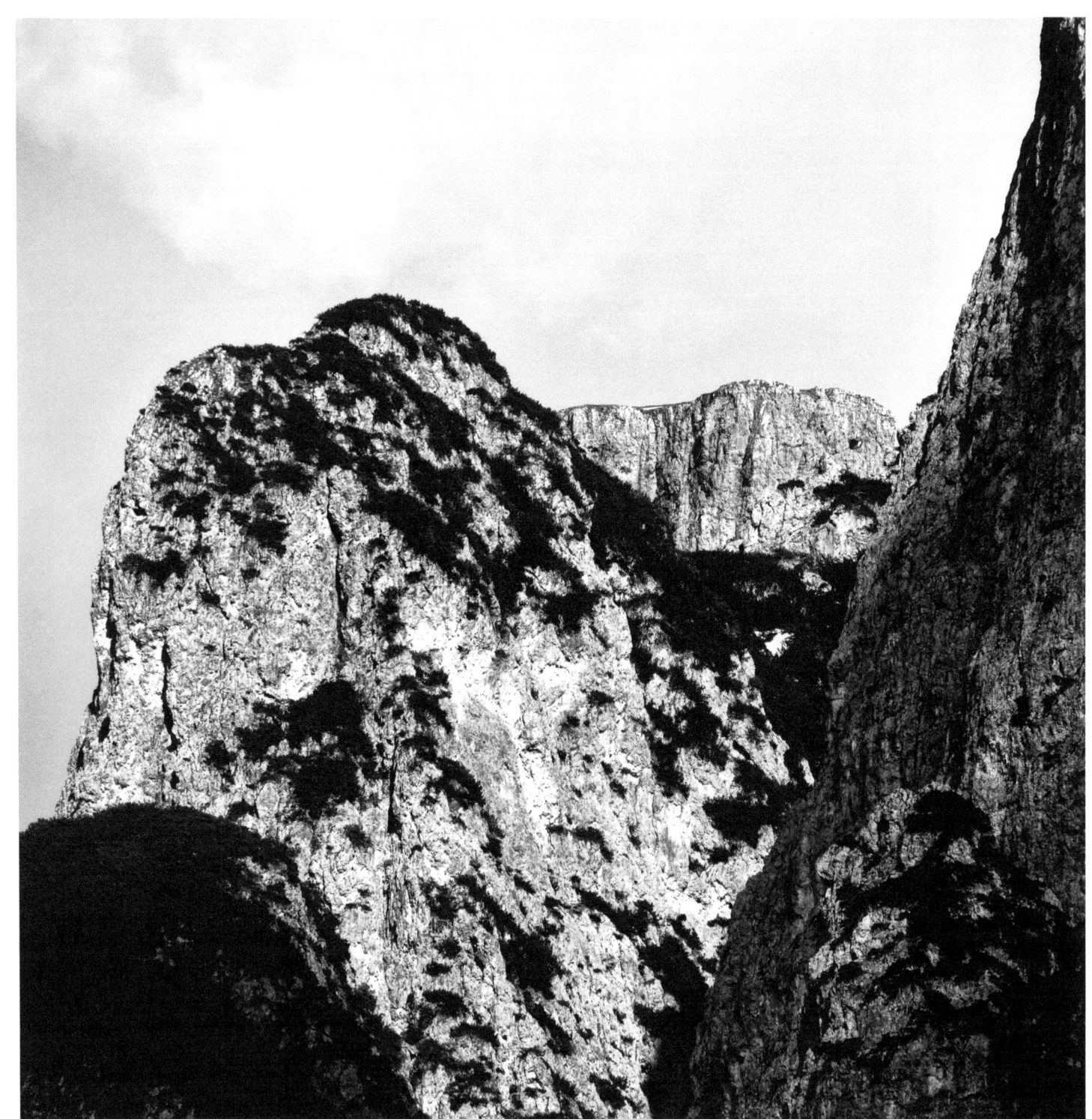

Sciliar

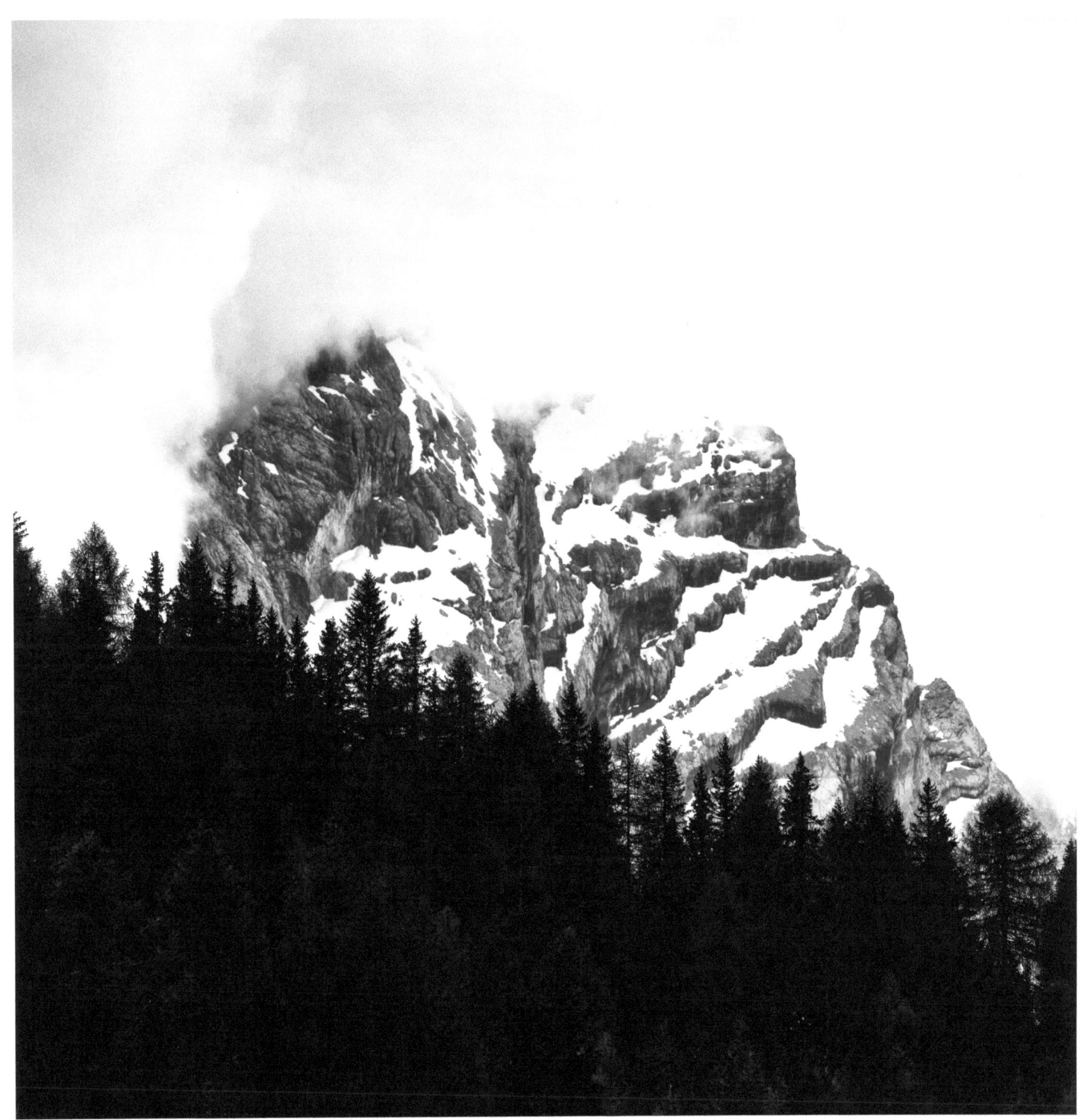

Sorapiss

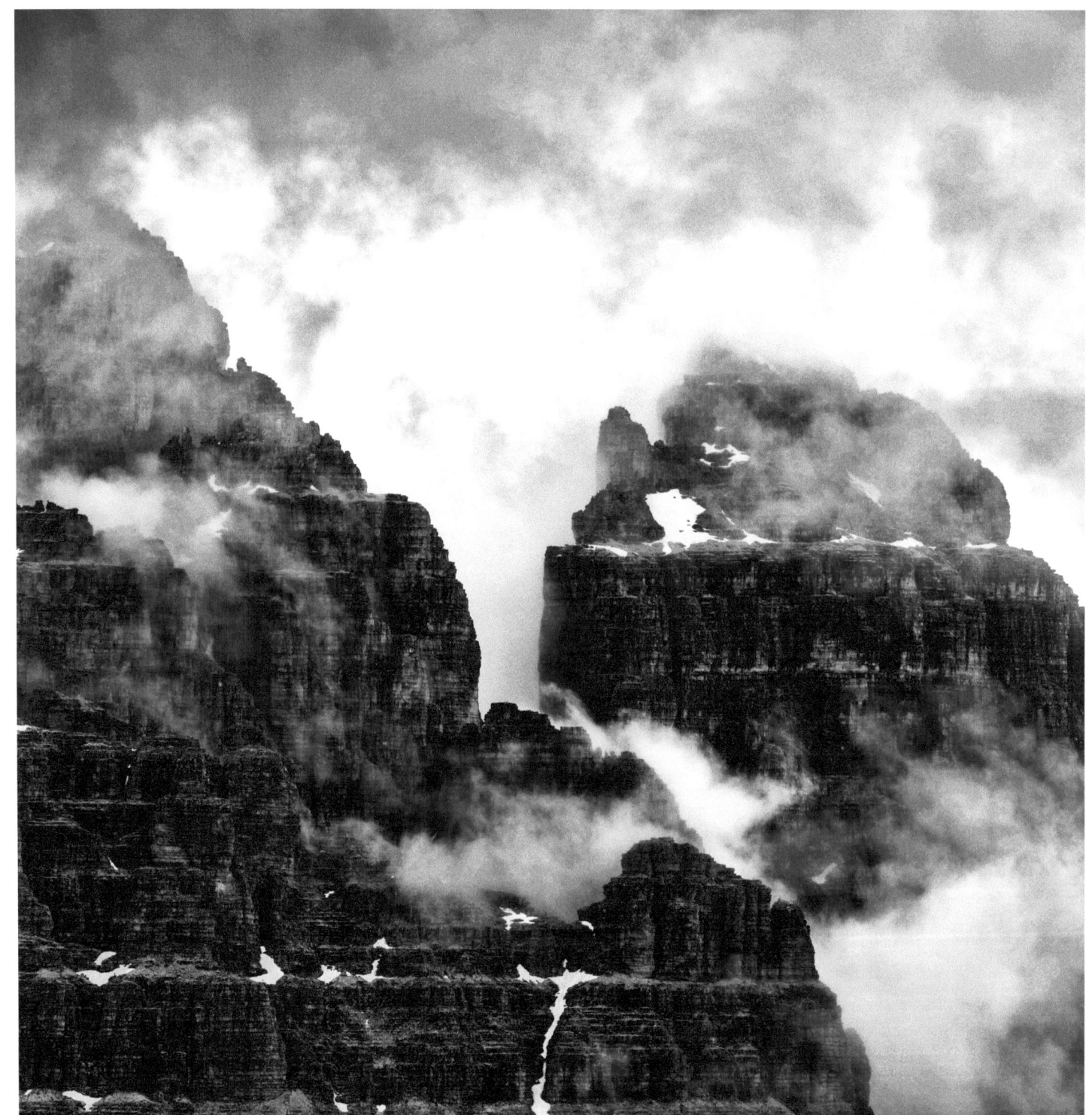

Drei Zinnen